JN062182

イギリス王室
THE HISTORY OF BRITISH DYNASTY
1000年の歴史

[監修] 指 昭博
神戸市外国語大学名誉教授

KANZEN

はじめに

　2021年現在、世界には28の王室が存在しており、我が国日本もそうした王室（皇室）をもつ国のひとつである。日本人は比較的自国の王室の存在を好意的に見ている傾向が強く、「王室ファン」と呼ばれる熱心な愛好家も少なくない。しかし、普段のマスコミ各社の報道の過熱ぶりを見るに、自国の王室よりも日本人の注目を集めている可能性が高いと思われる王室も存在する。それこそがイギリス王室である。

　イギリス王室が世界で注目を浴びるようになったのは、1953年に行われたエリザベス２世の戴冠式のころからといわれている。戴冠式当時、エリザベス２世は27歳。若く美しい女王の誕生はイギリス国内のみならず世界中で注目の的となり、当時最新のメディアだったテレビ映像に載せられて全世界に向けて発信された。その後もエリザベス２世とイギリス王室は積極的な情報発信を続け、オープンで親しみやすい王室というイメージを作りあげていった。

　こうした活動の結果、イギリス王室の人気や注目度はどんどん高まっていき、1981年のチャールズ皇太子とダイアナ妃の婚礼が行われた時期に頂点に達する。このロイヤルウェディングの様子は日本でも大きく取り扱われた。ヨーロッパを代表する王族のプリンス、美しいプリンセス、荘厳な城や寺院など、子どものころに親しんだ絵本の世界から抜け

　出したような華やかなイギリス王室のイメージは、たちまち多くの日本人の心を虜にし、多数のイギリス王室ファンを生み出した。

　その後、イギリス王室は各種のスキャンダルにまみれ、1996年の皇太子夫妻の離婚、翌年のダイアナ元妃の交通事故死をもって人気は冷え込んでしまうが、2011年にダイアナ元妃の遺児ウィリアム王子とキャサリン妃の婚礼が行われると注目度は再燃。2012年にはふたりのあいだにロイヤルベビーが誕生するというめでたいニュースが続き、王室人気もいまだかつてない盛りあがりを見せている。

　しかし、現在のイギリス王室への注目度にくらべると、彼らが積みあげてきた歴史についての注目度は非常に低い。現在のイギリス王室の起源をたどるとその歴史は1000年にも達し、多数の王族がさまざまな苦難を乗り越えながら王冠を受け継いできているという事実があるのだが、日本ではあまり知られていないのが実情だ。そこで、本書ではイギリス王家の王族を中心に、イギリス王家の歴史をつむいできた人々の経歴をまとめ、詳しく紹介していく。王室の過去を知ることで、彼らが現在に受け継ぐ伝統にもより理解が進むようになるはずだ。本書がイギリス王室の新たな魅力を伝える一助になれば嬉しいことである。

contents

第3章　施設と年表

序章

人々に
愛される王室

人々に愛されるイギリス王室

偉大な名君に誇り高き女王、王位を捨てて恋に生きた王……。強烈な個性を
もつイギリスの王族たちから目が離せない。

華やかなロイヤルファミリーに世界中が注目

　世界で最も名誉ある王室として名高いイギリス王室には常に人々から高い関心
が寄せられている。過去1000年の歴史をもつこの王室はこれまでも、陰謀、反乱、
王位継承争い、愛人問題などスキャンダラスでドラマティックな話題で世間を賑
わせてきた。

　近年では、元英国王太子妃ダイアナの結婚や、夫チャールズの長年の不倫によ
る離婚、王室との確執などが大きく報じられた。パパラッチの過熱ぶりからもロ
イヤルファミリーへの関心の高さをうかがい知ることができる。

　輝かしい未来が約束されたようなチャールズとダイアナだったが、運命に翻弄
されたのちダイアナの事故死という悲劇的な結末を迎えてしまう。悲報を受けた
チャールズは、王室を去り民間人となったダイアナの遺体を引き取ることを決
意。1997年9月6日にはダイアナのための準国葬「王室国民葬」が行われた。死後
10年以上経つ今も彼女の追悼イベントが行われている。

　不倫、離婚、ダイアナの死によって一時はイメージが奈落に落ちかけたイギリ
ス王室だったが、2010年、チャールズとダイアナの長男ウィリアムが婚約を発表
すると、国中が一気に祝福ムードに包まれた。翌年、学生時代からの知りあいで
あるキャサリン・ミドルトンとウェストミンスター寺院で結婚式をあげた。久しぶ
りの華やかなロイヤルウェディングにロンドンをはじめ世界中が沸いた。そして
2013年、第1子となるジョージが誕生すると祝賀ムードは最高潮に達した。

　イギリスには「スキップ・ア・ジェネレーション」という言葉があり、次期国
王にウィリアムをという世論もあったが、2022年にエリザベス2世が崩御する
と、王位はその息子チャールズへと継承された。女王が目指した「開かれた王室」
をチャールズ3世はどう引き継いでいくのか、これからも目が離せない。

■チャールズ王太子とダイアナの結婚
（1981年7月29日）

結婚式はセント・ポール大聖堂にて行われた。祝典は結婚式前夜から行われ、王立公園であるハイド・パークで1万2000発の花火が打ちあげられるなど、国をあげての祝賀ムードに包まれていた。結婚式の様子は全世界にテレビ中継され、新たなプリンセスが文字通り世界中の視線を釘付けにした。

しかし、にこやかに手を振るその裏では王室での孤独や夫とカミラとの不穏な関係に胸を痛めていた。

写真：Anwar Hussein/Getty Images

幸せの絶頂と悲劇的な最期

■ウィリアム王子の誕生
（1982年6月21日）

第2王位継承権をもつ王子ウィリアムが誕生。出産はダイアナの希望により、バッキンガム宮殿ではなく、最新医療設備をもつ病院が選ばれた。出産後、チャールズは公務への出席を減らし家族との時間を増やすようつとめる。その時期は宮殿内で孤独を抱えていたダイアナにとって心安らぐ家族団らんの日々であったという。

写真：Tim Graham／Getty Images

■ダイアナ元妃の葬儀
（1997年）

追跡してきたパパラッチの車をまこうとしてトンネル内で中央分離帯に衝突し死亡。バッキンガム宮殿やケンジントン宮殿には献花を捧げる人が大勢訪れ、宮殿前が無数の花束で埋め尽くされた。

■チャールズ王太子とカミラの結婚 （2005年4月）

不倫というダーティーなイメージが付いてしまっているが、30年来の愛を実らせて結ばれたという見方もあるチャールズとカミラの結婚。ダイアナの人気が高かったことや愛人というイメージが根強いことからイギリス国民からの人気はいまひとつ。結婚式はウィンザー城で近親者のみで行われ、その際には聖ジョージ・チャペルで最も深く神に許しを請う「懺悔の祈り」が行われた。カミラの称号は「コーンウォール侯爵夫人」。チャールズが王位を継承したときにカミラが「王の妃（プリンセス・コンソート）」か「女王」か、どのような地位につくのか度々話題になっている。

写真：Tim Graham/Getty Images

■ウィリアム王子とキャサリンの結婚
（2011年4月29日）

将来の王位継承が予定されるウィリアム。10代のころは母の面影を残すルックスに、191センチの長身、本物の王子様であることでアイドル級の人気を誇り、最新のガールフレンド事情が常に注目されていた。そんな彼の妃に選ばれたのは、学生時代から付きあいのあるキャサリン・ミドルトンだ。ウィリアムの浮気疑惑や、エリザベス女王からの忠告などで一度は破局報道が流れるも復縁しゴールイン。プロポーズの際、ウィリアムは母ダイアナの指輪をキャサリンに贈った。民間の家庭から王族入りしたキャサリン妃はその親しみやすさからか国民にも支持され、成婚の際には多くの成婚グッズも発売された。

写真：James Devaney/Getty Images

■現代のロイヤルファミリー（2015年）

英国最大のセレブであるロイヤルファミリー。ダイアナとチャールズの結婚から離婚、死別までのエピソードはあまりにも強烈なものだが、そのほかの王室メンバーも負けず劣らずくせもの揃いである。たとえば、暴言・放言の多いフィリップ殿下に、ヌード写真が流出したヘンリー王子。不名誉な話題で話題になる王族がいる一方で、王族から唯一オリンピックに出場した才女のアン王女など、常に話題に事欠かない現在の王室メンバー。ここからは主要な王室ファミリーと彼らのもつ有名なエピソードを紹介していく。さまざまなゴシップ、失言すらも国民から愛される王室メンバーとはどのような人たちなのだろうか。

写真：Max Mumby/Indigo via Getty Images

■エリザベス2世

「世界で最も忙しいクイーン」とも呼ばれた彼女の仕事に対する姿はまさにストイック。多忙ななかでも3男1女を育てあげ、醸し出される威厳のある風格はまさに英国の母。カラフルな衣装と帽子が定番のスタイル。衣装には女王として人々からよく見えるようにはっきりとした明るい色を着用するというこだわりがあるという。その在位期間は70年7カ月と歴代最長を誇った。

■放言が女王の頭痛の種？
　フィリップ殿下

エリザベスが一目惚れし、21歳で恋愛結婚をした相手がフィリップ殿下だ。ヴィクトリア女王の玄孫で、エリザベスとは親戚関係にあたる。中国訪問時にイギリス人留学生に向かって「これ以上長く滞在していると、目が細くなっちゃうよ」、将来宇宙飛行士になりたいといった12歳の少年に「君は太りすぎているから無理だろう」といったというのは有名な話。数々の奔放な発言から「失言殿下」と呼ばれた。
写真：Oli Scarff/Getty Images

■「好色ランディ」のあだ名をもつ
　アンドリュー王子

エリザベスの次男。セーラ・ファーガソンと結婚し、ベアトリス王女、ユージェニー王女の2女をもうけるもセーラが起こした不倫スキャンダルが原因で離婚。ゴルフ好き、ヨット好きという面をもち、移動費にお金を使いすぎるとして批判されるなど道楽息子ぶりが時折報道される。離婚後は美女とのうわさが絶えずプレイボーイと呼ばれることもしばしば。元妻のセーラとは今でも良好な関係が続いているという。

■スキャンダルとは無縁な優等生 エドワード王子

エリザベス女王の子どものなかで唯一の離婚歴がない末っ子。大学卒業後は海軍に入隊したが、訓練の厳しさについていけず除隊。軍でキャリアを積むのが慣例であるイギリス王室男子としては異例のことであった。演劇、メディアへの関心が高く舞台の裏方で働いたのちテレビ番組編成会社を設立。しかし、王族の特権を使い、甥であるウィリアムのプライベート映像を独占的に流したことで非難され、社長を引責辞任した。
写真：Max Mumby/Indigo via Getty Images

■オリンピックに出場した王族 アン王女

21歳でモントリオール・オリンピックに馬術の英国代表として出場した経歴をもつ。23歳のときに結婚するが、夫の浮気などが原因で結婚から19年目に離婚。8カ月後に再婚した。イベントや公務にも積極的に出席する働き者でもある。過去には誘拐事件に巻き込まれるも犯人の要求を毅然として拒否。その勇ましさが賞賛された。「お堅い女」というイメージをもつが昔はおてんばだったという。美貌でも人気だった。
写真：Mark Cuthbert/Getty Images

■ウィリアム一家にジョージ王子誕生
（2013年7月22日）

2番目に王位継承権をもつ王子のジョージ。ダイアナがウィリアムを出産した際は、出産や子育てについてエリザベスとダイアナのあいだに確執があったといわれている。ジョージの子育てについては、そのような王室の重圧にプリンセスが追い詰められないよう配慮されているという。特に、「王室は時代に適応していなければならない」と考えるエリザベス女王も家族で子どもを育てたいというウィリアム夫妻の考え方を容認。一般の家庭で未来の国王の育児が行われるのは、長い歴史をもつイギリス王室にとって異例のことであり、今後はどのように育てられるのかジョージの育児方針について世界中が注目している。

写真：Barcroft Media/Getty Images

■やんちゃさは誰譲り？ヘンリー王子

「世界で最も結婚したい独身男性」として人気のヘンリー王子。若いころからマリファナや飲酒で醜態をさらすなど、一時は「タブロイド紙のヒーロー」と呼ばれるほどのやんちゃぶりが目立った。しかし、陽気でおおらかな性格から国民の人気も高く、なんとなくスキャンダルも許されてしまう一面もある。母を失ったショックで学習困難症に陥るも、投薬治療をしながら試験勉強を続け兄と同じイートン校に進学。英国陸軍ではソルジャープリンスとしてキャリアを積んだ。

---

column ｜ 王位を捨てた恋・エドワード8世

波乱万丈な現在の王室ファミリーのほかにも注目したい王族がいる。愛する女性のために王位を捨てたエドワード8世だ。1920年代、ヨーロッパ屈指のプレイボーイと謳われ国際的スターとして評判だった彼が恋に落ちたのは離婚歴のある人妻。独身のまま即位したものの、彼女を王妃として迎えることに王室、世論が猛反発した。王冠か恋か選択を迫られたエドワードはわずか1年で退位。夫人とともに生きることを選んだ。

■エドワード8世

写真：Michael Ochs Archives/Getty Images

■ヘンリー王子とメーガンの結婚
（2018年5月19日）

王室一のプレイボーイ、ヘンリー王子のハートを射止めたのは、3歳年上の米国女優レイチェル・メーガン・マークルだ。2016年7月、メーガンがロンドンを訪れた際に共通の知人を介して知りあい、ほどなく交際へと発展。長い英国王室の歴史を振り返ってもアフリカ系のルーツをもつ女性が王室入りした例はなく、現役の女優が嫁ぐのも初めてのことだったが、「働く自立した女性」というイメージが支持され、受け入れられた。
写真：Max Mumby/Indigo via Getty Images

■ヘンリー一家に第一子アーチーが誕生
（2019年5月6日）

2019年5月6日、待望の第1子が誕生。「アーチー・ハリソン・マウントバッテン＝ウィンザー」と名付けたことが発表された。アーチーは第7位の王位継承権をもつが、2021年現在「王子」の称号は与えられていない。さらに2年後の2021年6月4日には、第2子で長女のリリベットが誕生。この「リリベット」という名が女王エリザベス2世の家庭内での愛称であったことから、物議を醸すこととなった。
写真：Getty Images Entertainment

王族を見守る建物

王族が暮らす宮殿や伝統的な儀式が開催される教会、聖堂。1000年以上の歴史をもつイギリスの歴史とともにある建物の一部を紹介しよう。

■バッキンガム宮殿

エリザベス女王のロンドンの公邸であり執務の場。舞踏会場、音楽堂、美術館などが設置され、王室庁の事務本部としても機能している。1837年にヴィクトリア女王が移り住んで以降イギリス王室の公式の宮殿となった。期間限定で一部が一般公開され、美しい絵画や調度品、庭園などを見ることができる。宮殿の屋上に王室旗が掲げられているときは女王や王の在宅を示し、イギリス国旗なら不在を示す。

■ウィンザー城

イングランドの都市、ウィンザーにある城。バッキンガム宮殿から車で1時間ほどのところに位置しており、エリザベス女王が週末を過ごす場所でもある。現在でも使われている居城としては最も古く、世界最大級の広さをもつ。ウィリアム1世によって建造された城で、当初はロンドン防衛の一部を担っていた。内部には、レンブラントらの作品をはじめとする珠玉の名画が飾られている。

■セント・ポール大聖堂

ロンドンにある大聖堂。チャールズとダイアナの結婚式が行われた場所としても知られる。604年に建立。現在の建物は1666年に起こった「ロンドン大火」ののち、建築家クリストファー・レンによって手がけられたもの。地下には納骨堂があり、ネルソン提督やウェリントン侯爵などの記念碑がある。現在も礼拝が行われており、聖歌隊の歌やパイプオルガンの演奏を聞くこともできる。

■ウェストミンスター寺院

王族の結婚式や葬儀、戴冠式などが行われてきた歴史をもつ重要な教会のひとつ。イギリス中世の大規模なゴシック建築で、11世紀にエドワード証聖王が建立。1987年にはユネスコの世界遺産に登録された。王族のほかにも、ニュートンなどの多くの著名人が埋葬され、ダイアナの葬儀もここで行われた。国会議事堂であるウェストミンスター宮殿に隣接している。近年ではウィリアムとキャサリンの結婚式もここで執り行われた。
写真：Heritage Images／Getty Images

■ロンドン塔

ロンドンを流れるテムズ川の河畔、イーストエンドにある古い城塞がロンドン塔である。1078年、征服王ウィリアム1世が征服者としてロンドンを威圧する目的で築いたのが始まりで、以来ロンドンの町並みを見守り続けてきた。その正式名称は「女王（国王）陛下の宮殿及びロンドン塔の要塞」で、1625年までは王の居城として使われていた。施設内には造幣局や天文台、王立動物園などがもうけられたこともあるほか、身分の高い政治犯や反逆者を収監、処刑する監獄だったことも。現在はロンドン屈指の観光スポットとして人気が高く、内部のいくつかの施設は見学ができる。1988年にはユネスコ世界遺産に登録された。

写真：Tim Graham／Getty Images

■ケンジントン宮殿

ロンドン・ウェストミンスターにある王立公園ケンジントン・ガーデンズ。その広大な園内にあり、ひときわ目を引く美しい建物がケンジントン宮殿である。もとはノッティンガム伯爵の私邸だったが、喘息もちのウィリアム3世が空気の悪いロンドン中心部を離れ、移り住むために購入。以来、王室所有の宮殿となった。複数のアパートメントからなる宮殿には500以上の部屋があり、新婚だったチャールズ皇太子とダイアナ元妃をはじめ、多くの王室メンバーがここで暮らしてきた。現在はウィリアム王子とその家族の居住地である。

■セント・ジェームズ宮殿

ロンドンにある最も古い宮殿のひとつ。16世紀中ごろにヘンリー8世によって建てられたもので、チューダー朝様式の赤レンガの外壁が目を引く建物である。1698年にホワイトホール宮殿が消失して以降、140年に渡り歴代の王たちの住まいとして、その役目を担ってきた。宮殿内のチャペルでは、ヴィクトリア女王やジョージ5世の結婚式が執り行われたこともある。現在は英国政府やロイヤルファミリーによる公式なセレモニーの場として利用されているほか、一部はアン王女ら王室関係者の住居となっている。
写真：Getty Images Entertainment

■クラレンス・ハウス

セント・ジェームズ宮殿に隣接して建つ、王室所有のタウンハウス。この邸宅が建てられた1827年当時、王族の住まいはセント・ジェームズ宮殿だったが、主であるクラレンス公爵（のちのウィリアム4世）は宮殿よりこちらでの生活を優先したという。その後もエリザベス女王とフィリップ殿下、エリザベス王太后、ウィリアム王子とヘンリー王子ら王族たちがこのタウンハウスで暮らし、現在はチャールズ皇太子とカミラ夫人の住まいとなっている。
写真：Chris Jackson／Getty Images

■ロイヤル・アルバート・ホール

ロンドン中心部、ケンジントン・ガーデンズに面したドーム型の演劇場がロイヤル・アルバート・ホールである。芸術と科学の殿堂とするべくヴィクトリア女王の夫・アルバート公が発案し、1851年より工事が進められたが、公が急逝したため、当初予定されていた名称を取りやめ、アルバート公の名を冠することとなった。1871年の開場以来、数多くのコンサートやスポーツイベントなどが催され、文化史に残る偉業、偉大なレジェンドたちを生み出してきた。毎年夏に行われる世界で最も重要なクラシック音楽祭「BBCプロムス」の会場としても有名である。

王室の伝統行事と式典

■ロイヤル・ミリタリー・タトゥー
（THE ROYAL EDINBURGH MILITARY TATTOO）

英国で最も古い城のひとつ、エジンバラ城で毎年8月に催されるスコットランドの夏の風物詩。第二次世界大戦で疲弊した国民を勇気づけるため、イギリスとスコットランドの両軍が公演を行ったのが始まりで、現在はさまざまな国の軍・団体が参加し、20万人以上の観客が訪れる大人気イベントとなっている。スコットランドの伝統衣装キルトをまとった軍楽隊による勇壮なバグパイプのパフォーマンスはまさに圧巻の一言だ。

写真：Brendon Thorne／Getty Images

■軍旗分列行進式
（TROOPING THE COLOUR）

毎年6月の第2土曜に開催される、国王の誕生日をお祝いする公式祝賀セレモニー。もとは兵士に軍旗の色を認識させることを目的とした行事だったが、1748年より国王の誕生祝賀をかねた式典となった。パレードにはロイヤルファミリーの面々をはじめ、1000名を超える近衛兵や音楽隊、騎馬なども参加し、盛大に執り行われる。
写真：Getty Images

■国会開会式
（THE STATE OPENING OF PARLIAMENT）

国会の開会にあたって執り行われる伝統的な式典のひとつ。エリザベス女王が国会議事堂に入り、上院の王座について黒杖官に下院招集を命じるというもの。かつてチャールズ1世が軍隊を率いて下院に乗り込んだ事件を契機に国会には黒杖官が置かれ、議会の特権や独立性が守られるようになった。
写真：Anwar Hussein/Getty Images

序章　人々に愛されるイギリス王室

■ロイヤルアスコット
(ROYAL ASCOT RACE MEETING)

毎年6月の第3週に催される英国王室主催の競馬開催。300年以上の歴史をもつ世界的な競馬イベントで、開会式には盛大なパレードが執り行われるほか、エリザベス女王をはじめ王室関係者らも臨席し、期間中のアスコット競馬場は社交界の華々しい雰囲気に包まれる。
写真：Dan Kitwood/Getty Images

写真：Max Mumby/Indigo via Getty Images

31

■衛兵交代式
（CHANGING THE GUARD）

バッキンガム宮殿とセント・ジェームズ宮殿を護衛する近衛兵たちの定時交代の際に行われる伝統的なセレモニー。歩兵、騎兵らがそれぞれの勤務地からウェリントン兵舎まで行進していく様子を見学することができ、ロンドン観光の目玉のひとつとされている。交代式で披露される音楽隊の演奏も人気で、シューベルトの「軍隊行進曲」をはじめ、流行曲やミュージカルナンバーなども演奏される。
写真：Sharon Lapkin／Getty Images

■「白鳥調べ
（SWAN UPPING）

英国王室に古くから伝わるユニークな伝統行事のひとつが白鳥調べだ。遡ること12世紀、当時最高のご馳走とされていた白鳥に対し、時の国王が「すべての白鳥の所有権は国王にある」と主張したことが始まり。現在では白鳥を食用にする習慣もなくなったが、王室参加の伝統行事として今も続けられており、テムズ川に生息する白鳥の保護と教育活動をかね、毎年7月の第3週に催されている。
写真：WPA Pool／Getty Images

イギリス王室
1000年の軌跡

イギリス王室1000年の軌跡

「征服王」ノルマンディ公ウィリアムが打ち立てたノルマン朝から現代のウィンザー朝まで、イギリス王室の歩みをダイジェストで紹介しよう。

ノルマン人が打ち立てた征服王朝

ノルマン人、ブリテン島に現る！

　10世紀ごろのイングランドには、ゲルマン系のアングロ・サクソン人の王朝があった。ここにノルマン人（フランス北西部ノルマンディ地方に定着したヴァイキングの子孫）の王朝が誕生したのは、アングロ・サクソン王家のエドワード証聖王が、ノルマンディ公ウィリアムに王位を譲る約束をしたというウィリアムの主張に端を発する。エドワードの死後、貴族に推されて即位したハロルド2世は、侵攻してきたウィリアムとの戦いに敗れて戦死。ウィリアムがウィリアム1世（P.56）として即位し、ノルマン王朝が誕生した。

■マティルダ・オブ・フランダース

ウィリアム1世の妻。ウィリアムの留守を預かるため、イギリスで初めて戴冠した王妃となった。

■ヘイスティングスの戦い

上陸したウィリアムは約半月ほどかけて木造の城砦を建設。そこから放たれた矢を浴びて、ハロルド2世は敗死したと伝えられる。

　封建制をイングランドに根付かせたウィリアム1世が亡くなると、王位は3男のウィリアム2世（P.58）へ。失策続きの王が事故死したのち、ヘンリー1世（P.60）が即位した。ヘンリー1世の優れた統治で国内は安定したが、のちに海難事故で後継者を亡くしてしまう。アンジュー伯ジョフロワと結婚した娘マティルダを新たな王位継承者と定めた。しかし、王が亡くなるとマティルダの従兄ブロワ伯スティーブンが戴冠。激怒したマティルダは彼と争い、イギリスは長期の内乱状態に陥った。

200年を超えた長期王朝

45年間も続いた
長期王朝の始まり

　1153年、マティルダの息子ヘンリーが
兵を率いて海を渡った。貴族のあいだには
厭戦気分が漂った。スティーヴンとヘン
リーは協定を結び、スティーヴンの王位を
認める代わりに、その死後はヘンリーが王
位を継承することで決着した。戴冠したヘ
ンリー2世（P.72）により、プランタジネッ
ト朝が始まる。アキテーヌ公女エレアノー
ルを妻に迎えていたヘンリーだったが、ヘ
ンリーが愛人を寵愛し始めて夫婦仲が冷え
込み、エレアノールは子どもたちを連れて
アキテーヌに戻ってしまう。そして、フラ
ンス王ルイ7世に臣従の誓いを立てた若ヘ
ンリー（P.77）が、ルイの支援のもと反乱
を起こす。1173年の反乱では勝利したも
のの、15年後にふたたび息子リチャードの
反乱が起こる。そのなかに最愛の末子ジョ
ンがいると知ったヘンリー2世は、絶望の
内に死去。跡を継いだのは、3男リチャー
ド1世（P.78）だったが、遠征続きでほとん
ど国内にいなかった。戦いの傷がもとでリ
チャードが亡くなると、今度は末子のジョ
ン（P.80）が王位につく。ところが、ジョ
ンは臣下であるルジニャンのユーグの許嫁
イザベルと結婚、ルジニャン家の反乱を引
き起こす。これが原因でフランス王フィ
リップ2世の介入を招き、その結果、大陸

■マグナ・カルタを承認するジョン王

失策続きのジョンは、マグナ・カルタを受け入れることで、どうにか王位を守った。

の領土のほとんどを失う。

　ジョンは大司教の叙任権問題でローマ
教皇とも争い、破門されて権威が失墜。貴
族たちに要求され、王権を大幅に制限す
る「マグナ・カルタ」をしぶしぶ承認。さ
らには諸侯に担がれたフランス王太子ルイ
から王位を要求され、一時はロンドンが占
領されてしまう。しかし、ジョンが急死し
てヘンリー3世（P.84）が即位すると、諸
侯は彼を支持。ルイはフランスに撤退す
る。ヘンリー3世は、プロヴァンス伯の娘
エレアノールを妻に迎えた。ところが、王
妃が連れてきた取り巻きたちが国政に口を
挟むようになって政治が乱れ、ヘンリー3
世は貴族たちの要求で「オックスフォード
条款」を受諾。議会が招集され、のちの下
院の基礎となる。のちにヘンリー3世は条
款の承認を取り消して貴族たちと戦いにな
り、幽閉されたが、脱出したエドワード王
太子の活躍で復権。王が病没すると、王太
子がエドワード1世（P.86）として即位した。

エドワード1世、
ウェールズを平定

　ブリテン島の統一を計画していたエドワード1世は、まず1282年にウェールズを平定。ウェールズ人が直属の長に忠誠を尽くす傾向があることを知り、ウェールズで生まれた王子にプリンス・オブ・ウェールズの称号を授けた。以後、王室では王太子にこの称号を与えるのが慣習となっており、現・王太子チャールズもこの称号をもつ。ウェールズを平定したエドワード1世は、次にスコットランドの征服を開始した。しかし、一度は制圧に成功するものの、スコットランド独立の動きに悩まされたエドワード1世は、3度目の遠征途中に死去。4男がエドワード2世（P.88）として即位する。エドワード2世はフランス王フィリップ4世の娘イザベラを王妃に迎えたが、最初はピエール・ギャヴェストン、のちにはヒュー・デスペンサー父子と、男色関係を結んだ相手を寵臣とした。

■ヒュー・デスペンサーの処刑

描かれた様子から、残酷な方法で処刑されたことがわかる。おそらくは反逆罪だったのだろう。

　ギャヴェストンは反感をもった貴族たちの反乱で処刑されたが、デスペンサーの場合は対立した貴族たちに勝利した。これを受け、完全に心が離れた王妃はフランス王で弟のシャルル4世を頼って渡仏。反デスペンサー勢力を束ねるロジャー・モーティマーに接近し、夫の廃位とデスペンサー親子の失脚を目指して活動を始めた。反乱軍を率いてイングランドに上陸した王妃は、デスペンサーを捕えて処刑。議会もエドワード2世の廃位を決定し、王太子がエドワード3世（P.90）として即位した。3年後、18歳となった王は国政を壟断したモーティマーを処刑し、母イザベラを幽閉。イングランドは王の手に戻ったのだった。

■エドワード1世

エドワードは威風堂々とした人物だった。スコットランドやウェールズからすれば征服者だが、イギリス統一の先駆者という評価もある。

■フィリッパ・オブ・エノー

エドワード3世の王妃となった女性。14人の子を産んだ。

フランス王位に挑んだ
エドワード3世

エドワード3世は、フランドルのエノー伯の娘フィリッパを王妃に迎えた。フランドルは毛織物産業が盛んで、この王妃によってイングランドでも毛織物産業が隆盛する。さて、王が即位した1328年に後継者がないままフランス王のシャルル4世が死去。王のいとこがフィリップ6世として即位した。すると、母イザベラがシャルル4世の妹だったことを理由にエドワード3世がフランス王位を主張。この主張が即座に戦争に結びついたわけではないが、フランスの統一的支配を目指すフィリップ6世がアキテーヌ没収を宣告すると、1338年11月、エドワード3世はフランスへ宣戦布告し、百年戦争が始まった。当初イングランドは優勢だったが、1349年からペストが大流行して大きなダメージを受ける。さらに、フィリッパが亡くなった失意から

■エドワード3世

王が宣戦布告をしたのは、フランスがガスコーニュ地方の没収とフランドル地方の併合を宣言し、さらにギュイエンヌへ侵攻したためだった。

■スロイスの海戦

イングランドはこの海戦をはじめ、各地の主要な戦いに勝利。戦争を優位に進めていた。

国王に衰えが見え、フランスとの戦闘の中心となっていた王太子エドワード（黒太子）が死没すると、大陸の領土のほとんどがふたたびフランスに奪い返された。

その後、王も跡を追うように死去。黒太子の10歳の息子がリチャード2世（P.94）として即位する。リチャード2世は神聖ローマ帝国カール4世の長女アンと結婚したが、子どもには恵まれなかった。1399年、叔父のジョン・オブ・ゴーントが亡くなった際に公爵領を没収したため、国外にいた公爵の息子ヘンリー・ボリングブルックが不満を覚えて反乱軍を組織。リチャード2世がアイルランドへ遠征している隙を突いてイギリスに渡り、遠征から帰還する王を捕えてロンドンに連行した。リチャードの統治が稚拙だったため、国王に不満を抱いていた貴族は反乱を起こしたヘンリーを歓迎。彼は議会の推挙を受けて、王位につくことになった。

フランス王位を手にした王朝

フランスに
王位継承権を認めさせる

　ヘンリー4世（P.100）は血統には問題なかったものの、簒奪して王についたことから正統性を疑問視する声もあった。このため、議会に頼ることが多く、自然と議会の力が増していった。王太子の助けもあって後年の治世は安定。1413年に王が亡くなると王太子がヘンリー5世（P.102）として即位した。当時、百年戦争は終っていないが、両国で内乱があったため小康状態だった。1414年8月、ヘンリー5世は軍勢を率いて海を渡り戦闘を再開。フランス北部のオンフルールを皮切りに、ノルマンディやアンジューなど、かつての領土を奪還した。1420年、ヘンリー5世はフランス王

■アザンクールの戦い

敵の捕虜から情報を得たヘンリー5世は、倍以上のフランス軍主力を相手に大勝。フランス王位を認めさせることに成功する。

■即位するヘンリー6世

ヘンリー6世が王位を継承したのは生後8カ月のとき。幼すぎたため、戴冠式が行われたのは7年後であった。

シャルル6世とトロワで休戦条約を締結。占領地の保有とフランス王位継承権を認めさせ、王の娘キャサリンを王妃に迎えた。しかし、降伏をよしとしない王太子が率いるフランス軍は、翌年、スコットランドの加勢を得て大陸のイングランド軍を撃破。その最中に皇太子が誕生する。しかし、喜んだのも束の間、その翌年にヘンリー5世は赤痢で死去した。

　生後8カ月でヘンリー6世（P.104）が即位すると、叔父たちが権力をめぐって争いを始めた。国政が混乱するあいだに大陸の領土はジャンヌ・ダルクの登場もありフランスに奪還され、イングランドの領土はカレーのみとなってしまう。ヘンリー6世は学者肌で、武勇は受け継いでいなかった。のちに、アンジュー伯の娘マーガレットと結婚。8年後に子どもも誕生したが、精神に異常をきたしたため、国政の中心はマーガレットに移っていった。

内乱を制して誕生したヨーク朝

薔薇戦争で勝利した
ヨーク派の王朝

　1453年、百年戦争はイングランドの敗北で終結した。しかし、国内では戦争中から続いていた和平派と主戦派の権力争いが激化。1455年に最初の軍事衝突が起こり、ランカスター派とヨーク派のあいだで薔薇戦争が始まった。この最中、ヨーク公リチャードは戦死したが、リチャードの息子が1471年の戦いでヘンリー6世妃の軍を破ってエドワード4世（P.112）として即位。ヨーク朝が開かれた。しかし、エドワード4世はランカスター派の未亡人エリザベス・ウッドヴィルと密かに結婚。やがて事実が発覚し、ヨーク家の結束を揺るがした。

　1483年にエドワード4世が亡くなると、王太子エドワード5世（P.114）の継承権を無効とする議会の推挙を受けて、先王の弟がリチャード3世（P.116）として即位する。彼は対立していた先王の王妃エリザ

■リチャード3世

ヘンリー・テューダーと戦って敗れたリチャード3世は、戦場で戦死した数少ない王のひとりとなった。

ベスの一派を粛清。先王のふたりの王子、エドワード5世とその弟であるヨーク公リチャードをロンドン塔に幽閉し、自身の王位を脅かす要素を排除した。しかし、その後に息子と王妃アンが亡くなり、直接の後継者がいなくなった。そんななか、ランカスター派の生き残りであるヘンリー・テューダーが、軍勢を率いて亡命先のフランスから来襲。リチャード3世は自ら軍を率いて戦ったが、力及ばず戦死した。

■エドワード4世

エドワード4世は美男子で、派手な女性関係から「女のことになると理性をなくす」とうわさされた人物だった。

■王冠をもたらしたスタンリー

リチャード3世の側にいたトマス・スタンリーはヘンリー7世の継父（母の再婚相手）。彼とその兄が寝返ったことで勝敗は決した。

国教会を生んだテューダー朝

王権の強化につとめた
ヘンリー7世

　ボズワースの戦いでリチャード3世を破ったヘンリー・テューダーは、ヘンリー7世（P.122）として即位。エドワード4世の長女エリザベスを妻に迎える。ヘンリー7世は、誕生した王太子の妻にスペインからキャサリン・オブ・アラゴンを迎えた。しかし、皇太子が急逝したため、新たに次男ヘンリーをキャサリンと婚約させる。さらに、ヘンリー7世は統治体制を貴族中心から実力主義の人材登用へと変更。対外的には平和路線をとって貿易を促進した。こうして不安定な王権の強化と国の立て直しに腐心したヘンリー7世は、1509年に死去。王太子がヘンリー8世（P.124）として即位した。

　新王ヘンリー8世は文武に秀でた人物で、当初は妻に迎えたキャサリンとの仲も良好だった。しかし、王妃に男児が産まれなかったことから、王朝継承を確実なものにするために男児を欲したヘンリー8世は、王妃の侍女アン・ブーリンを寵愛し始めた。嫡出子を得るためにはアンとの正式な結婚が必要となり、ヘンリー8世は王妃との離婚を認めないカトリック教会を離脱。アンを王妃とし、イングランド国教会を設立した。ところが、アンも男児を産むことはなく、のちに断頭台へと送られる。その後、ヘンリー8世は、その後さらに4人の妻と結婚を繰り返したが、男児を産んだのは3番目に迎えたジェーン・シーモアだけだった。

■ヘンリー7世

ヘンリー7世の王位継承権は根拠が弱いものであった。自身も王位の正統性に疑問があったのか、王権強化につとめた。

■キャサリン・オブ・アラゴン

ハプスブルク家に連なる人物で、当時ヨーロッパの大半を手にしていた神聖ローマ帝国カール5世ともつながりがあった。

■ヘンリー8世

文武に秀でて、文芸も通じており、歴代イギリス王家のなかでもかなりのインテリだという。贅沢を好んだので出費はかさんだ。

宗教と後継者問題で
揺れ続ける王朝

　ヘンリー8世は6人の妻を迎えたが、出生時に嫡出とされたのは、ふたりの王女メアリーとエリザベス、王太子エドワードのみだった。ヘンリー8世が亡くなったのちエドワード6世（P.128）が即位したが、病弱な体質だった彼は16歳で世を去ってしまった。ところが、エドワード6世の治世に宗教改革が進んでいた。宮廷内にもプロテスタントが多く、熱狂的なカトリックのメアリーを王位につかせまいとした貴族が王族に連なるジェーン・グレイ（P.130）の擁立を画策する事件が起きた。しかし、この計画は国民に支持されず失敗。計画の首謀者とジェーンは処刑され、即位したメアリー1世（P.132）はプロテスタントへの弾圧を始めた。しかし、そのメアリー1世もスペイン王太子フェリペ（P.134）との結婚は国民には不評であった。その後、ガンのために子がないまま亡くなり、エリザベス（P.136）が王位を継承することになる。

■王とジェーン・シーモア、エドワード王子

ヘンリー8世は6人の妻と結婚したが、王太子を産んだ3番目の妻ジェーン・シーモアへの愛着は強く、同じ墓に埋葬することを希望した。

■エドワード6世

高い教育を受けたエドワードは、13歳のころにはギリシャ語の哲学書を読めるほど、明晰な頭脳の持ち主だった。

■メアリー1世

母が敬虔なカトリックであり、母を離縁した父を恨んでいたこともあるのか、メアリーの信仰はかたくなだった。

■メアリー1世とフェリペ2世

ふたりの年齢には開きがあり、メアリー1世のほうが年上。政略結婚だったこともあり、フェリペの愛情は冷めていた。

生涯独身で過ごした
エリザベス女王

　王位を継いだエリザベスは、議会から早く結婚することを求められた。しかし、エリザベスは寵臣とのロマンスもささやかれるなか、諸外国の王族からの求婚に対しては、外交のカードとして結婚を利用したこともあり、結果的に独身を通すことになった。

　エリザベス1世自身は、プロテスタントだった。しかし、国内にある宗教的な対立を考慮してカトリックを徹底的に弾圧するようなことはせず、国内にある宗教的な対立を考慮して、国教会の教義を中庸的なものに定めている。ただ、亡命してきたスコットランド女王メアリーについては、カトリックである彼女を利用しようという反対派の不穏な動きに荷担したため、不本意ながら彼女を処刑せざるを得なくなった。この結果、スペインの侵攻を招くことにはなったが、アルマダ海戦での勝利や嵐の影響などで、スペイン艦隊の撃退に成功した。しかし、長引くスペインとの戦争は財政の逼迫をもたらすなど、国内の疲弊を進めることになった。その後、エリザベス1世は貧民の増加による社会不安をはじめとする諸問題への対応につとめるが、最後まで後継者の指名を行わないまま1603年3月に死去した。しかし、スコットランド王ジェームズ6世が最有力候補であることは明らかで、宰相ロバート・セシルはスコットランドに国王招聘の使者を送った。

■**エリザベス1世**

最後まで後継者を指名しなかったのは、自らの影響力の低下や権力闘争を防ぐためだった。

■**出港するスペイン艦隊**

無敵王フェリペ2世は、かねてからイングランドへの侵攻を考え、準備を進めていた。

■**遭難するスペイン船**

スペイン艦隊が大きな被害を受けたのはイングランドとの海戦ではなく、帰路で遭遇した嵐と補給ができなかったためだった。

■**メアリー・ステュアートの処刑**

エリザベス1世はメアリーの処刑に躊躇したが、議会からの強い要請もあって刑の執行を承認した。

スコットランドとの同君連合が誕生

体制の違いから国政が混乱

　ジェームズ6世がイングランド王ジェームズ1世（P.144）として即位したことで、イングランドとスコットランドは同君連合となった。宗教問題に対しては、国教会を尊重する一方でカトリックとプロテスタントの両極を排除する方針をとったため、即位から2年目に爆発物による暗殺未遂事件が発生し、国内ではカトリック教徒への反感が強まった。エリザベス時代から国教会に不満を抱いていた厳格なプロテスタントの一部は、まずオランダに亡命。さらに新天地を求めて移民を計画し、メイ・フラワー号で新大陸へと渡った。その後、王が1625年に亡くなると、次男がチャールズ1世（P.146）として即位した。チャールズ1世は、芸術家を擁護して自身も絵画を収集。素晴らしい王室コレクションを築いた。しかし、為政者としては失策を重ねていった。

　一番の問題は、チャールズ1世が父王と

■メイフラワー号

出港したメイフラワー号は、現在のアメリカ合衆国マサチューセッツ州のプリマスに到達した。

■ネイズビーの戦い

当初は優勢だった国王派は、この一戦で大打撃を被って敗北。チャールズ1世はスコットランドに亡命する。

同様に王権神授説を信奉し、イギリスの議会制度を理解しなかったことだ。1628年、チャールズ1世は税金を承認してもらおうと議会を開いたところ、かわりに「権利の請願」を受諾するよう求められた。ところが、王は署名をしておきながら議会を解散。以後11年ものあいだ議会の開催を拒んで専制政治を行う。1640年、王はスコットランドで起きた反乱鎮圧の資金を得るため議会を開催。すると、議会では王への批判が噴出し、翌年に「大抗議文」が提出された。ところが、この内容が急進的なものだったことから、議会は国王派と議会派に分裂した。そこに、王が反国王派の議員を逮捕しようと武力干渉を始めたことから内乱となった。この結果、敗北したチャールズ1世は裁判で有罪を宣告され、1649年1月30日に処刑された。

共和政を経て王政復古

　チャールズ1世が処刑されたのち、国政は共和政に移行した。しかし、実質的には護国卿オリバー・クロムウェル（P.148）の独裁政権で、11年後の1660年には議会が王政復古を決議。大陸に亡命していた先王の遺児がチャールズ2世（P.152）として即位した。2年後、チャールズ2世はポルトガル王室のキャサリン・オブ・ブラガンザと結婚。嫁資として北アフリカのタンジールとインドのボンベイがもたらされた。チャールズ2世が1685年に亡くなると、王位は弟のジェームズ2世（P.154）が継承した。新王には死別した先妻とのあいだに娘のメアリーとアンがおり、後妻としてモデナ公アルフォンソ4世の娘メアリーを迎えていた。ジェームズ2世は血統的には問題なかったが、夫妻ともどもカトリックだったことが問題視され、国内ではかねてからジェームズ2世の即位に反対する運動も起きていた。

　即位から3年目、王妃とのあいだに王太子が誕生。人々の不安が高まって名誉革命が起きた。しかし、新たに王となったメアリー2世（P.156）とウィリアム3世（P.158）は子に恵まれぬまま死去。跡を継いだ妹のアン（P.160）も成長した子がないまま世を去り、ステュアート朝は断絶した。

■チャールズ2世

即位した当時はすでに55歳。若いころから女好きで数多くの愛人がおり、認知した庶子だけでも14人もいたという。

■ジェームズ2世

チャールズ2世の弟。カトリックに改宗したのちに子どもが産まれたため、国民の不安を呼ぶことになった。

■オリバー・クロムウェル

チャールズ1世の治世で起きた内乱で活躍。国家元首として定められた護国卿として独裁的な統治を行った。

■上陸するウィリアム3世

ウィリアム3世はフランスを非常に警戒しており、イングランドを味方にする目的から、王位につくことを求めた。

第1章　イギリス王室1000年の軌跡

ドイツ系の王が君臨した王朝

ドイツから来た英語を話せぬ王

次の王は、1701年に制定された王位継承法に従って選ばれ、ステュアート朝初代の王ジェームズ1世の曾孫でハノーファー選帝侯であるゲオルグに決定。ジョージ1世（P.168）として即位した。ただ、王は英語が話せなかったためかイギリスの政治に関心が低く、国政は初の首相ロバート・ウォルポール卿をはじめとする政治家たちが担っていた。ジョージ1世は1727年に亡くなり、長男がジョージ2世（P.170）として即位する。ジョージ2世の治世ではオーストリア継承戦争をはじめとするいくつかの戦争があり、なかでもフランスとの戦争を制したことで、植民地が拡大した。1760年、王は動脈瘤破裂で死去。先立っていた王太子の息子が王位を継いだ。

■ジョージ1世

政治に関心を示さなかったジョージ1世は、故郷のハノーファーに長いあいだ滞在することも多かった。

■ジョージ2世

即位前は度々戦争に参加し、軍人として優れた才能を示したという。為政者より、軍人向きの人物だったようだ。

■ロバート・ウォルポール

政務を執らない王に代わり、政治の舞台で奮闘。初代の首相とみなされる。大蔵卿としても腕を振るった。

■デッティンゲンの戦い

ジョージ2世は自ら軍を率いてフランス軍と戦った最後の王となった。

難局を乗り切り大英帝国時代へ

　ジョージ3世（P.172）はイギリス生まれのイギリス育ち。祖父や曾祖父とは違い、積極的に政治に携わった。王妃は、即位の翌年に迎えたメクレンブルク・シュトレーリッツ公の娘シャーロット。愛人をもたず王妃を大切にしたジョージ3世は、子どもにも恵まれた。度々ポルフィリン症によるとされる精神疾患に悩まされたが、アメリカ独立戦争やナポレオン戦争など、いくつかの難局をどうにか乗り切ることに成功した。

　晩年は政務が取れない状態で、長男が摂政をつとめていた。1820年にジョージ3世が亡くなると、長男がジョージ4世（P.174）として王位を継承。1822年、ジョージ4世はスコットランドを訪問し、長年のわだかまりを解消することに成功した。しかし、その後は目立った活動もなく一人娘も早世したため、弟がウィリアム4世（P.176）として即位した。しかし、すでに高齢だった王は7年後に死去。姪のヴィクトリア（P.177）が王位を継いだ。即位から2年後の1839年、ヴィクトリアは同年の母方のいとこであるアルバートと結婚。夫婦仲は非常に良好で4男5女を授かった。しかし、アルバートは42歳で病没。これ以後、女王は喪服を着続けたという。

■軍服姿のジョージ3世

質素な生活を好み、農業に関心をもち、自ら畑も耕していたジョージ3世は、国民から親しみを込めて「農場主ジョージ」と呼ばれていた。

■ジョージ4世

王太子時代は素行が悪く、王としても目立った功績がない。即位前は摂政として、正気を失った父に代わって執務した。

■ウィリアム4世

ふらりとロンドン市内を歩き回る習慣があり、市民と気さくに接したことから人気は高かった。

■ヴィクトリア女王

大英帝国繁栄の象徴として有名な女王。63年を越える在位期間は、歴代の王のなかでも2番目の長さだった。

サクス・コバーク・ゴータ朝からウィンザー朝へ

二度に渡って王家の名を変更

　1901年にヴィクトリア女王が亡くなると、60歳のエドワード7世（P.186）が即位。この際、アルバートがサクス・コバーク・ザールフェルト公だったことを受け、王家はサクス・コバーク・ゴータに改名された。

　さて、若いころはかなりの放蕩ぶりだったエドワード7世だが、即位前から各国を訪問していた経験を活かして優れた外交手腕を発揮。ロシアやフランスとの軍事協定締結にひと役かった。王の短い治世が終わると、すでに長男アルバートが亡くなっていたため、次男が即位してジョージ5世（P.189）が誕生。4年後に第一次世界大戦が始まると、ドイツと戦う国民に配慮して、王家の名を現在につながるウィンザーへと改称した。

■アレグザンドラ王妃と娘たち

夫とのあいだに3男3女をもうけたが、その放蕩ぶりに愛想をつかし、夫を反面教師として子育てをしたという。

■アリス・ケッペル

エドワード7世の愛人のなかで、最も有名な女性。自身の立場をわきまえた彼女は王のお気に入りだった。

■エドワード7世

エドワード7世は放蕩息子ではあった。しかし、父の死後は公務を避けた女王をよく補佐しており、無能な人物だったわけではない。

■ジョージ5世

不利な法案に拒否権を発しがちな貴族院を押さえて内閣を支えるなど、国内の政治改革にも貢献した。

信頼され親しまれる
王室を目指して

　1936年、ジョージ5世が亡くなった。跡を継いだエドワード8世（P.196）は、離婚歴があるアメリカ人のウォリス・シンプソン夫人との結婚を選び、わずか11カ月で自ら退位。弟のジョージ6世（P.198）が即位する。

　ジョージ6世は強い吃音症があり、人前に出ることを望んでいなかった。しかし、戴冠したのちは公務に励み、第二次世界大戦中も国民と苦楽をともにした王は、エリザベス王妃の助けもあって国民に敬愛された。その後、ジョージ6世は1952年に病没。長女がエリザベス2世（P.202）として即位する。

■エドワード8世

離婚歴があるだけでなく人妻だったシンプソン夫人との恋は、イギリス国内で大きな話題になった。

■ジョージ6世

吃音症のため人前に出ることを嫌がっていたが、のちに克服しようと訓練を受け、ほぼ普通に話せるようになった。

■エリザベス2世とフィリップ殿下

それまでにも顔をあわせたことのあったふたりは、女王が13歳のころから文通をはじめ、21歳のときに結婚した。

　女王は元ギリシャ・デンマーク王家の出身であるフィリップ・マウントバッテン（P.206）と即位以前に結婚しており、1964年までに3男1女をもうけている。国民から親しまれる王室を目指した女王は、領内はもちろん、積極的に諸外国を訪問。1975年には日本を来訪した。こうした活動により、イギリス王室は威厳を保ちながらも、人々に親しまれる存在となる。1981年にチャールズ王太子（P.208）がスペンサー伯の娘ダイアナと結婚してからは、度々スキャンダルが発覚。特に王太子とダイアナ妃の離婚やその後の事故死は、世界の注目を集めた。しかし、現在でも国内におけるエリザベス女王の人気は高く、今後の王室の行く末も注目されている。

第2章
王朝・人物解説

それぞれの王家の歴史

ノルマン朝の成立以来、イギリスの王室は41人の国王・女王たちによって継承されてきた。最初の国王ウィリアム1世から現代の女王エリザベス2世まで、全王位継承者の経歴をここに解説する。

ノルマン朝を祖とする9つの王朝

■約1000年の歴史をつむぐ王朝の軌跡

現在のイギリス王家のルーツをどこに求めるかについては諸説あるが、本書では11世紀に成立したノルマン朝を起点として解説を行う。ノルマン朝を起点とした理由は、ノルマン朝の創始者であるウィリアム1世の血筋がそれ以降に誕生した諸王家に広がっていき、現イギリス女王エリザベス2世まで受け継がれているからである。

ノルマン朝以降のイギリスの王家では基本的に直系男子による継承がなされていったが、男系の子孫が途絶えた場合には女系継承が行われたり、一族の傍系から後継者を迎えて王家を存続させるといった手法がとられた。また、反乱によって前王朝が打ち倒されて新王朝が立てられたケースもあるが、こうした場合にも後継者はウィリアム1世の血筋を引く一族から出ている。

イギリスの王朝名は、基本的に現王家の家名か爵位名からとられている。傍系から後継者を出したり、反乱によって現王家が打倒されたりした場合には当然のことながら家名や爵位名が変わるため、それに伴っ

て王朝名の変更がなされた。ノルマン朝以来、イギリスには10の王朝が誕生し、現代まで王冠を受け継いできた。

本項では各王朝ごとに王位継承者をまとめ、彼らの経歴や人物像、生きていた時代の歴史的な出来事などについて解説を行う。また、王位継承者ではないが当時の歴史に大きな影響を与えた重要人物にも、個別の解説ページをもうけている。

■イギリス王家の戴冠宝器

代々のイギリス国王の戴冠式では、王権の象徴としてこうした物品を受け継いできた。

■歴代イギリス国王一覧

王朝名	名前	生没年	在位	配偶者
ノルマン	ウィリアム1世	1027 ?~1087	1066~1087	マティルダ
	ウィリアム2世	1060~1100	1087~1100	未婚
	ヘンリー1世	1068~1135	1100~1135	マティルダ/アデライザ
ブロワ	スティーヴン	1097~1154	1135~1154	マティルダ
プランタジネット	ヘンリー2世	1133~1189	1154~1189	エレアノール
	リチャード1世	1157~1199	1189~1199	ベレンガリア
	ジョン王	1167~1216	1199~1216	イザベラ/イザベラ
	ヘンリー3世	1207~1272	1216~1272	エレアノール
	エドワード1世	1239~1307	1272~1307	エレアノール/マーガレット
	エドワード2世	1284~1327	1307~1327	イザベラ
	エドワード3世	1312~1377	1327~1377	フィリッパ
	リチャード2世	1367~1400	1377~1399	アン/イザベラ
ランカスター	ヘンリー4世	1367~1413	1399~1413	メアリー/ジョーン
	ヘンリー5世	1387~1422	1413~1422	キャサリン
	ヘンリー6世	1421~1471	1422~1461/1470~1471	マーガレット
ヨーク	エドワード4世	1442~1483	1461~1470/1471~1483	エリザベス
	エドワード5世	1470~1483	1483	未婚
	リチャード3世	1452~1485	1483~1485	アン
テューダー	ヘンリー7世	1457~1509	1485~1509	エリザベス
	ヘンリー8世	1491~1547	1509~1547	キャサリンほか5名
	エドワード6世	1537~1553	1547~1553	未婚
	メアリー1世	1516~1558	1553~1558	フェリペ2世
	エリザベス1世	1533~1603	1558~1603	未婚
ステュアート	ジェームズ1世	1566~1625	1603~1625	アン
	チャールズ1世	1600~1649	1625~1649	ヘンリエッタ・マリア
	チャールズ2世	1630~1685	1660~1685	キャサリン
	ジェームズ2世	1633~1701	1685~1688	アン/メアリー
	メアリー2世	1662~1694	1689~1694	ウィリアム3世
	ウィリアム3世	1650~1702	1689~1702	メアリー2世
	アン女王	1665~1714	1702~1714	ジョージ
ハノーヴァー	ジョージ1世	1660~1727	1714~1727	ゾフィー
	ジョージ2世	1683~1760	1727~1760	キャロライン
	ジョージ3世	1738~1820	1760~1820	シャーロット
	ジョージ4世	1762~1830	1820~1830	キャロライン
	ウィリアム4世	1765~1837	1830~1837	アデレード
	ヴィクトリア女王	1819~1901	1837~1901	アルバート
サクス・ゴバーク・ゴータ	エドワード7世	1841~1910	1901~1910	アレクサンドラ
	ジョージ5世	1865~1936	1910~1936	メアリー
ウィンザー	エドワード8世	1894~1972	1936	ウォリス
	ジョージ6世	1895~1952	1936~1952	エリザベス
	エリザベス2世	1926~	1952~	フィリップ

第2章 それぞれの王家の歴史

Norman dynasty～The Anarchy

ノルマン朝～ブロワ朝（無政府時代）

ノルマン朝：1066年～1135年、ブロワ朝（無政府時代）：1135年～1154年

ノルマン朝の誕生により、フランス人の王を戴くことになったイングランド。その血筋は、以後の同国諸王家に脈々と受け継がれていく。

イングランドの歴史を変えた初の王朝

■ノルマン人がイングランドを征服

中世初期にグレートブリテン島に侵入したアングロ・サクソン人は、そこに7つの王国「七王国」を建国。そのうちのウェセックス王国がイングランドの覇権を握り、937年にはアゼルスタン王が全土を統一した。この時代のイングランドはアングロ・サクソン人の支配下だったわけだ。

だが状況は、フランス王国の諸侯、ノルマンディ公爵ウィリアム（のちのウィリアム1世）によって一変する。彼は多くのノルマン人を従えてイングランドに攻めあがり、ノルマン朝を開くことに成功した。

■階級制を採用した封建社会

ウィリアム1世の征服劇は「ノルマン征服（コンクエスト）」と呼ばれ、国の姿を劇的に変貌させた。

封建制が導入され、それまでのアングロ・サクソンの社会とは大きく異なる社会が生まれた。征服によって、旧来のサクソン人の貴族はそのほとんどが土地を奪われ、少数のノルマン貴族にとって代わられ

た。国王自身は、イングランドの耕地の5分の1を所有し、ほかの貴族を圧倒した。征服者ならではの成果である。この力を背景に、頻発したサクソン人の反乱を鎮静することもできた。

ノルマン人はさまざまなフランス的要素をもち込み、王族・貴族のあいだではフランス語が用いられ、これ以降長くフランス語が公用語となった。

■内乱による無政府時代に突入

ノルマン朝第3代ヘンリー1世の死後は、フランスの大諸侯ブロワ伯であるスティーブンが王位を継承し、1135年にブロワ朝が成立した。しかしその後も、いったんは王位後継者に指名されたマティルダ皇后が抵抗を示すことになる。

両者は真っ向から対立し、両者は熾烈な内乱に明け暮れていく。その争いは18年間にも及び、ブロワ朝が終焉を迎えるまでイングランドには「無政府時代（アナーキー）」がもたらされることになった。

■ノルマンディ公爵ウィリアム

「征服王」と呼ばれることになるノルマンディ公爵ウィリアム。フランスのノルマンディ地方を領有していた君主であり、フランスでは「ギヨーム2世」を名乗る。

ヘンリー1世在位時のノルマン朝の領土

イングランド全土、アイルランドの東部、フランスのノルマンディをあわせた範囲が領土となった。これらは総じて、ヘンリー2世（プラ

ンタジネット朝）まで受け継がれている。なお、メーヌとアンジューはプランタジネット朝から新たに領土に加わった。

ノルマン王家系図

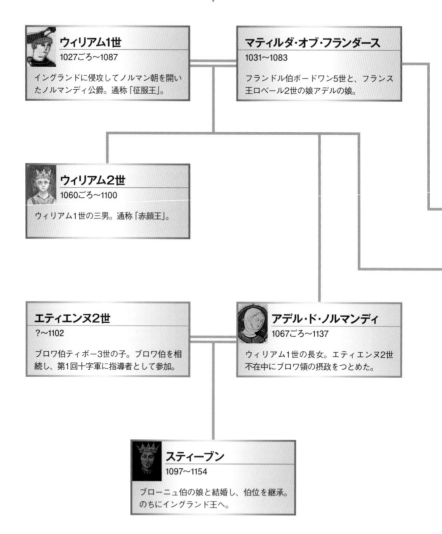

ウィリアム1世
1027ごろ〜1087

イングランドに侵攻してノルマン朝を開いたノルマンディ公爵。通称「征服王」。

マティルダ・オブ・フランダース
1031〜1083

フランドル伯ボードワン5世と、フランス王ロベール2世の娘アデルの娘。

ウィリアム2世
1060ごろ〜1100

ウィリアム1世の三男。通称「赤顔王」。

エティエンヌ2世
?〜1102

ブロワ伯ティボー3世の子。ブロワ伯を相続し、第1回十字軍に指導者として参加。

アデル・ド・ノルマンディ
1067ごろ〜1137

ウィリアム1世の長女。エティエンヌ2世不在中にブロワ領の摂政をつとめた。

スティーブン
1097〜1154

ブローニュ伯の娘と結婚し、伯位を継承。のちにイングランド王へ。

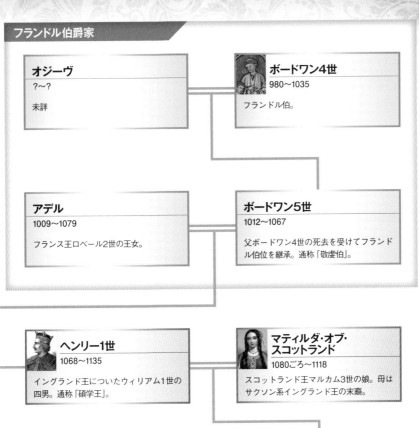

フランドル伯爵家

オジーヴ
?〜?

未詳

ボードワン4世
980〜1035

フランドル伯。

アデル
1009〜1079

フランス王ロベール2世の王女。

ボードワン5世
1012〜1067

父ボードワン4世の死去を受けてフランドル伯位を継承。通称「敬虔伯」。

ヘンリー1世
1068〜1135

イングランド王についたウィリアム1世の四男。通称「碩学王」。

マティルダ・オブ・スコットランド
1080ごろ〜1118

スコットランド王マルカム3世の娘。母はサクソン系イングランド王の末裔。

プランタジネット王家

ジョフロワ4世
1113〜1151

皇妃マティルダの再婚相手となったアンジュー伯。通称「美男公」。

皇妃マティルダ
1102〜1167

神聖ローマ皇帝ハインリヒ5世と初婚。イングランド初の女性君主を目指した。

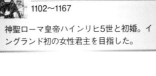

ヘンリー2世
1133〜1189

ジョフロワ4世と皇妃マティルダの長男。プランタジネット朝初代の王。

ウィリアム1世
William I

フランス王の臣下にしてイングランド王

■自らの手で勝ち取った王位

　ノルマン朝の開祖となった「征服王」、ノルマンディ公爵ウィリアム。父のロベール1世はノルマンディ公爵という高位にあったが、母は皮なめし職人の娘だった。身分の違いにより両親が正式な婚姻関係にないことから、ウィリアムは「庶子王」とあだ名されることもある。

　野心家のウィリアムは、1035年に父の跡を継ぐと領内の安定化に尽力し、みるみると勢力を蓄えていった。そして1050年、フランドル伯の娘マティルダ・オブ・フランダースとの結婚により、イングランド王家と親戚関係を結ぶにいたった。こうしてウィリアムは、フランスでも名高い君主へと成長を遂げるのである。

　それから月日が経ち、時は1066年。イングランドではハロルド2世が王位を継ぐことが決まった。だが、ハロルドはかつて、フランスでウィリアムに臣従を誓言した人物。ハロルドの即位を知ったウィリアムは1万以上の兵を率いてイングランドへの侵攻を開始した。前イングランド王のエ

ドワード証聖王（ロンドンのウェストミンスター寺院の建設者）は生前、ウィリアムに王位を約束していたというのが王位主張の根拠である。

　ハロルドとの戦闘は、当初苦戦を強いられるも、巧みな戦術により戦況は好転。見事にハロルドを討ち、同年のクリスマスにウェストミンスター寺院でイングランド王ウィリアム1世として戴冠を果たした。

■ウィリアム1世

大きくがっしりとした体格で力が強かった。
妻マティルダを大切にした愛妻家でもある。

200万の民を管理した有能政治家

■土地台帳による近代的行政

ノルマン朝の行政を象徴する封建制を敷く上で、ウィリアムが目をつけたのは土地台帳だった。完成度の高い記録を作り、国内の地形から人口までを徹底的に把握することにしたのだ。

1頭の牛や馬にいたるまで調べあげるほど大がかりな調査の結果、1085年には「ドゥームズデイ・ブック」が完成し、それに基づいて土地の権利を確定した。イング

ランドの状態をすみずみまで知ることで、わずか5000人ほどのノルマン貴族が200万ものイングランド民を支配できたのだ。

また、ウィリアムはカンタベリーとヨークの両大司教の争いに干渉もした。肩入れするカンタベリーをイングランド第1位の大司教と定め、これによりイングランド宗教界をも掌握したのである。武力でイングランドを手に入れたウィリアムは、また一流の政治家でもあった。

---

column ┃ **父は「華麗公」にして「悪魔公」**

ウィリアム1世の父であるロベール1世は、「善良公」と呼ばれたリシャール2世と、ブルターニュ公の娘の子。華やかな衣装を好んだことから「華麗公」と称され、父同様に良いイメージをもたらしている。だがその一方で、「悪魔公」という不名誉なレッテルも貼られているのが面白い。そう呼ばれるようになったきっかけは、公位を継いだ兄のリシャール3世がわずか1年後に死去したこと。それが、ロベール1世による暗殺ではないかと嫌疑をかけられてしまったのだ。以降、「悪魔公」と呼ばれるようになり、伝説の悪魔ロベールと同一視されることさえあった。

ウィリアム1世は求婚を断ったマティルダに強引に迫り、その情熱で結婚を勝ち取ったとも伝えられる。暗殺の真偽は定かではないが、息子と同じようにロベール1世も気性が激しかったのかもしれない。

■ロベール1世

ロベール1世はエルサレム巡礼の帰路に死亡。ウィリアムを後継者に指名したあとのことだった。

ウィリアム2世
William Ⅱ

生没年
1060年ごろ～
1100年8月2日

在位
1087年9月26日～
1100年8月2日

教会の信用も失った赤顔王

■偉大な父と対照的な放蕩息子

ウィリアム1世のノルマンディ公領を長男のロベール2世が継ぎ、次男は早世したために三男のウィリアム2世が第2代国王として戴冠した。彼の幼年期は不明な点が多いが、父の腹心の部下である高僧ランフランクの教育で育っている。だが、父ほどの器量をもちあわせてはいなかった。

外見に威厳がなく、背が低くずんぐりとした体で、髪と髭が赤い上に赤ら顔。そのことから「赤顔王（ルーファス）」というあだ名を付けられている。そして内面も褒められたものではなく、信仰心に乏しく無教養、粗野で冷酷。滑舌も悪く、演説がよく聞き取れないことも多かったという。また男色家であり妻を迎えず、跡継ぎを残そうともしなかった。

しばらくのあいだはイングランドの統治をそつなく行っていたが、即位から2年後、ランフランクが死去すると堕落の途をたどる。たとえば教会からの収奪を思いつき、多くの聖職を空位にした。それは、その収入を自分の懐に入れるためだった。

病に伏したときは罪を悔い、聖者アンセルムをカンタベリー大司教に迎えたのだが、病を克服するとふたたび本性が……。多くの問題で争ったアンセルムを国外へ追放し、ついには自身もローマ教皇ウルバヌス2世から破門を言い渡されてしまった。

1100年、ウィリアム2世は狩りの途中で流れ矢が当たって絶命した。事故だとされているが、反感を買うことが多い人間だったために暗殺の可能性も捨てきれない。

■ウィリアム2世

ウィリアム1世の死去から15日後に即位。父の死は見届けなかったという。

兄ロベールとの深まる因縁

■武力にかけては一歩も譲らず

1088年、ノルマンディでウィリアム2世を蹴落とそうとする反乱が勃発した。首謀者はバイユー大聖堂の司教をつとめるウィリアム2世の叔父オド。オドがロベール2世を擁立し、国王の部下たちをたきつけたのである。しかし、戦場にロベール自身が立つことはなく、反乱軍はたやすく鎮圧されてしまう。皮肉にも、ウィリアム2世の権威を高める結果となった。

そして翌年、今度はウィリアム2世がノルマンディの領土をめぐってロベールに戦いを挑んだ。そこで勝利したウィリアム2世はロベールを従属的地位に置いている。

そんな具合に、政治家としてはぱっとしないウィリアム2世も、こと戦いとなると才を発揮したようだ。1091年にはイングランドに侵攻してきたスコットランド王マルカム3世を敗走させ、のちに臣従させるという功績を残している。

ただ、行政面ではやはり悪い面が目立ち、ロベールに十字軍遠征費用を貸し付けた際も、費用を捻出するためにイングランドで重税を課して大いに反発を受けた。

---

column ## カンタベリー大聖堂の歴史

ウィリアム1世にイングランドの首座と定められ、イングランド王朝とも深いつながりともつカンタベリー教会。その歴史は597年、ローマ教皇グレゴリウス1世の命を受け、アウグスティヌス率いる修道士団がイングランドのカンタベリーを訪れたことに始まる。修道士団の目的は、アングロ・サクソン人たちをキリスト教に改宗することだった。そして布教の根拠地として南東部のカンタベリーに教会を建て、アウグスティヌスが初代カンタベリー大司教に就任した。

歴代大司教のなかには国王と対立した者も少なからずいる。ウィリアム2世によるアンセルム国外追放も衝撃的だが、1556年、トマス・クランマーはさらなる悲劇を迎えた。カトリック復活をはかるメアリー1世によって火炙りにされてしまったのだ。

■アンセルム

国王から数々の妨害を受けながらも、亡くなるまでカンタベリー大司教の座にあった。

人物解説
ノルマン朝
3

ヘンリー1世
Henry I

生没年
1068年～
1135年12月1日
在位
1100年～1135年

学問を広く修めた有能な支配者

■無領地を広く修めた有能な支配者

父ウィリアム1世の死去に伴い、三男ウィリアム2世がイングランド王に、長男ロベールはノルマンディ公の座に就任。一方、弟のヘンリーは金銭5000ポンドのみを相続した。領地をもたない王子ではあったが、土地を購入するなどで力を蓄えていった。しかし、両兄に警戒され雌伏の時を過ごしたのだった。

夢を叶える機会は突然やってきた。1100年、ウィリアム2世の訃報を受けると機敏に議会を招集し、王位継承を宣言して晴れてイングランド王になったのである。王位継承の有力候補になるであろうロベール2世が、十字軍遠征で不在中のことだった。兄の死からわずか3日後という急展開だったが、「碩学王」と呼ばれるほど学究的なヘンリー1世は貴族の支持を得るための政策を打ち出した。たとえばイングランド国王の権限を制限する「大憲章（マグナ・カルタ）」の祖「戴冠憲章」を制定し、貴族からのむやみな税の取り立てを控えている。また、ウィリアム2世に追放されたアンセルムを呼び戻し、教会との聖職叙任権問題を解決した。

アングロ・サクソン王家の王女エディス（マティルダ・オブ・スコットランド）を妃に迎えた決断も評価が高い。自身の婚姻をきっかけにノルマン系とアングロ・サクソン系を和解させ、父が成した「征服」の遺恨をなくそうとしたのである。

■ヘンリー1世

恵まれた体格と端正な顔立ち。ウィリアム1世の容貌を強く受け継いだ。

王位継承問題に苦しんだ晩年

■ノルマンディ公との決戦

ウィリアム2世との敗戦にも懲りず野心溢れるロベール2世は、ヘンリー1世の王位継承を知るやいなや怒り心頭。本来なら自分が即位していたはずだと考えたのだ。そして力で王位を奪い返そうと、イングランド侵攻の動きを見せた。だが1106年、ヘンリー1世は逆にノルマンディへ乗り込んだ。そして「タンシュブレーの戦い」でロベール2世を捕らえると、病没するまでの28年間、ウェールズのカーディフ城に幽閉してしまう。ロベール2世幽閉後もノ

ルマンディ貴族たちが反乱の兆しを見せたが、ヘンリー1世は迅速に海を渡って鎮圧にあたった。

1135年、ヘンリー1世はヤツメウナギの食べ過ぎで1週間苦しみ、67歳にして世を去った。15年前に海難事故で息子ウィリアムを亡くして以来、傷心の日々であったに違いない。なぜならヘンリー1世には20人以上の庶子がいたが、相続権をもつ嫡子は王位継承予定者だったウィリアムと、神聖ローマ帝国皇帝ハインリヒ5世に嫁いだマティルダのふたりきりだったのだ。

---

column | イングランド王位に手が届かなかった長男

城に幽閉されたまま波乱万丈の生涯に幕を閉じたロベール2世。幾度となく実弟たちと覇権を争い、最後までイングランド王位を諦めなかった。その激しい気性は若いころからのもので、父ウィリアム1世によく反抗していたという。それどころか戦闘中に父を殺しかけたことまであり、追放も一度や二度では済まされない。それでいて、時に気の弱い面もある。

武人としての才能は誰もが認めるところだが、移り気や夢見がちな性格を鑑みると国王の器ではなかったといえる。ウィリアム1世がイングランド王位を継がせなかったのは、ロベール2世の器がノルマンディ公爵までだと見抜いていたからだろう。ただ、ノルマン王朝のなかには彼を支持する者も少なくなかった。

■ロベール2世

十字軍の主要な攻城戦でも獅子奮迅の活躍。「征服王」の直系にふさわしい戦士ぶりだ。

アデル・ド・ノルマンディ
Adele de Normandie

ブロワ家の摂政を続けた賢女

■夫に代わって領内を的確に統治

初代イングランド王ウィリアム1世と、その妃マティルダ・オブ・フランダースのあいだには多くの子がいる。そのなかの娘のひとり、アデル・ド・ノルマンディは若くしてブロワ伯の嗣子エティエンヌと結婚した。ブロワはフランスの貴族の家系で、1089年にエティエンヌが家督を受け継いだ。

1096年になるとエティエンヌはアデルの兄ロベール2世とともに、指導者として第1回十字軍遠征に参加。その数年間、アデルは不在の夫に代わってブロワ伯摂政として領内の統治に努めていった。特許状や新教会の建設許可を出したり、自ら領内を巡回して争いを諌めたり、経済成長を促進させたり。さらには騎士たちの指揮まで担うといった万能ぶりだ。なお、その間、しばしばアデルはエティエンヌから手紙を受け取っている。手紙の内容は十字軍の進捗状況が主だが、アデルの見事な統治ぶりを褒め称える文面も多い。

また、アデルはフランスを代表する法学者であったシャルトルの司教イヴォとも書簡で巧みに連携。素行の悪い修道女を管理することもあれば、忠誠の誓いについて熱く議論を交わすこともあった。なお、それらのアデルの行動は、単なる代理にとどまらない。1102年にエティエンヌが戦死したあとも、引退するまで嫡子ティボーを支えるように摂政を続けたのである。

引退後はノルマンディの修道院で暮らす姉妹たちとは別の道を歩み、より規模の大きいマルシニー修道院へ。そこで彼女は、子や領内の教会指導者と連絡を取りあうことにした。一線を退いた身ではあるが、それでも自らの影響力を保ち続けようとしたのだ。そして1137年、気鋭の女性アデルは修道院で息を引き取った。

■アデル・ド・ノルマンディ

ブロワ伯を継いだティボーのほか、イングランド王のスティーブンを産んだ。

皇妃マティルダ
Empress Matilda

生没年
1102年〜
1167年9月10日

在位
―

王位奪還を狙った激情の女帝

■宿敵を打ち破るが戴冠叶わず

　イングランド王の相続権をもつヘンリー1世の娘マティルダは1114年、22歳年上の神聖ローマ皇帝ハインリヒ5世に嫁ぎ、10年以上ドイツで贅沢な日々を過ごした。その身分から極めて誇り高い女性に育ち、夫の死後に帰国したあとも自らを皇妃と呼ばせていた。さらに、1128年にはフランスに送られアンジュー伯ジョフロワ4世と再婚。のちにイングランド王ヘンリー2世となるアンリを産むことになる。

　なかなかに慌ただしい人生だが、真の激動はヘンリー1世の死後に訪れた。王位継承予定者である兄のウィリアムが死没したため、ヘンリー1世はマティルダを呼び戻して後継者に指名していた。だが、彼女の従兄であるブロワ伯スティーブンが間隙を縫って即位してしまったのだ。マティルダにしてみれば、これは屈辱以外の何物でもない。スティーブンは以前、王位を要求しないことを誓約していたのだから。怒りに燃えるマティルダは武力行使を決意し、この日から13年に渡って熾烈な王位争いを繰り広げていく。

　1139年、アンジュー伯派を率いるマティルダはついにスティーブンを降伏させると、女君主を名乗って意気揚々とウィンチェスターに入城。しかし、その苛烈な所業が災いし、多くの人に拒まれ戴冠は叶わなかった。ほどなくして内戦が再開するも、マティルダはフランスに戻り、その後の指揮をアンリに委ねた。そして1167年にこの世を去るまで大陸の領土経営に影響力をもち続けた。

■皇妃マティルダ

強固な意志をもった女性。サクソン名の「モード」でも広く知られている。

スティーヴン
Stephen

生没年
1097年〜
1154年10月25日

在位
1135年12月25日〜
1154年10月25日

イングランドを混乱の渦に巻き込んだ張本人

■マティルダから王位を横取り

　フランス貴族ブロワ伯を継いだスティーヴンは、新たな王となってイングランドに新王朝を築いた。その経緯は、息子を亡くしたイングランド王ヘンリー1世が、神聖ローマ皇帝に嫁いだ娘マティルダを呼び戻したことに始まる。ただ、イングランドに女王君臨の前例がないため、高位貴族たちはマティルダの王位継承を渋りかねない。そこでヘンリー1世は貴族たちに、マティルダとその長男アンリへの忠誠を誓わせた。貴族たちのなかには、マティルダの従兄にあたるブロワ伯スティーヴンの姿もあった。さらにヘンリー1世は、マティルダを有力フランス貴族のアンジュー伯ジョフロワ4世と再婚させ、娘の立場をさらに盤石なものにする。

　だが、1135年にヘンリー1世が死去すると、真っ先に忠誠を誓ったはずのスティーヴンが野望をむき出しにした。即刻海を渡ってイングランドの議会を掌握すると、マティルダを出し抜いて戴冠したのである。マティルダは誓約違反を訴えたがスティーヴンの事前の根回しにより訴えは却下。ほかの諸侯からの支持も得て、スティーヴン王誕生とともにノルマン朝は終止符を打ち、ブロワ王朝が開幕した。

　しかし、スティーヴンの誤算は、マティルダが一筋縄でいく女性ではなかったこと。彼女は怒りに満ちた気迫で兵を率い、王位奪還を目指したのである。これ以降、両者の内戦が治世を大きく乱し「無政府時代」を作り出していった。

■スティーヴン

1154年のスティーヴン死後、協定に従ってアンリがヘンリー2世として即位。

ブロワ朝の終焉を決断

■捕虜になっても王位は継続

　マティルダという障害はあったものの、当初スティーヴンはつつがなく国を治めていた。ところが、王位承認のための根回しで無理をしたせいでだんだんと歪みが生じ、失政につながっていく。マティルダは、その機に乗じて一気に巻き返しをはかった。万全の態勢で迎え撃てないスティーヴンはノルマンディを奪われ、イングランドにおける権威が失墜してしまった。

　1141年、スティーヴンはマティルダとの戦いに敗れて降伏を余儀なくされ、牢に幽閉されることに。だが、スティーヴンの命運は尽きなかった。女君主の名乗りをあげたマティルダも、教会や国民の反対を受けて結局は戴冠できなかったのだ。スティーヴンは捕虜交換によって無事解放され、続けて王位を保つことができた。

　その後も泥沼の戦いが繰り広げられたが、1153年、嫡男の急死によりスティーヴンは気力を失った。そしてマティルダ側と協定を結び、自身の王位の承認と引き換えにアンリを王位継承者としたのである。これによりブロワ朝は幕を閉じた。

column 「アングロサクソン年代記」

　アングロサクソン史を綴った歴史書「アングロサクソン年代記」。5世紀からノルマン王朝が終わる1154年までを扱い、王室の歴史を紐解く上でも重要な情報が山と詰め込まれている。なかには詩的な表現も多く、たとえばスティーヴン王の無政府時代は「キリストとその聖者たちが眠っていた」と記された。その文からも、混沌とした様相を呈した無政府時代の惨状がよく伝わってくる。

　また、同書により人物像もくっきりと浮かびあがってくる。たとえばヘンリー1世に対してはこうだ。「ヘンリー1世は正直者で、強い畏怖の念を人に抱かしめた。その治世中は、他人に対して不正を働く者はいなかった」。ヘンリー1世がいかに高く評価されていたかがわかるだろう。

■アングロサクソン年代記写本

イングランド各地の修道院で伝写された。日本語の訳書もあるので、ぜひ一読してほしい。

Plantagenet dynasty

プランタジネット朝

1154〜1399年

創始者ヘンリー2世によって飛躍的に領土を拡大した時代。しかし、息子たちの失政によってその多くを喪失、フランスとの領土争いが始まる。

フランス王室とのつながりが百年戦争に発展

■領土の拡大と喪失

ヘンリー1世は娘マティルダを後継者とし、アンジュー伯爵ジョフロワ4世と結婚させた。1154年、このふたりの息子ヘンリーがヘンリー2世として即位し、プランタジネット朝が成立する。プランタジネットの名は、ジョフロワ4世の祖先であるエティエンヌが戦いの際、常にハリエニシダ（プランタ・ゲニスタ）の枝を兜に飾っていたことに由来している。また、そのことからジョフロワ4世はジョフロワ・プランタジネットとも呼ばれていた。

ヘンリー2世はアンジュー帝国と呼ばれる広大な領土を獲得し、戦争で疲弊していたイギリスの行政や司法、兵制を再建。しかし、跡を継いだリチャード1世は多くの遠征に身を投じ、その弟ジョンはフランスとの争いで大陸側の領地を喪失する。

■百年戦争の始まり

プランタジネット家はフランス王家との血縁関係が強く、プランタジネット朝の第7代王であるエドワード3世の母はフランス王フィリップ4世の娘であった。当時のフランス国王シャルル4世が子をもたないまま他界したため、エドワード3世はフランスの王位継承権を主張する。これに対してフランスは、大陸側のイギリス領を一部没収し、1337年には英仏百年戦争を引き起こす。戦争は切れ目なく続いたわけではなく、和平や休戦の時期もあったが、1453年、ランカスター朝の王であるヘンリー6世の時代まで各地で争いが頻発した。

■リチャード1世

ヘンリー2世の息子リチャード1世は生涯の大部分を戦いのなかで過ごし、獅子心王と讃えられた。

　ヘンリー2世が築いたアンジュー帝国の領土は、現在のフランス国土の半分を占め、南はピレネー山脈、北はアイルランドまで及ぶ。これだけの領土をヘンリー2世が得られたのは、王妃エレアノールのおかげといえる。エレアノールが所持していた広大なアキテーヌ領が結婚によってすべて自国領になったのだ。のちにこの領土は息子ジョンの失政で多く失われた。

スコットランド

アイルランド

イングランド

ロンドン

神聖ローマ帝国

パリ

大西洋

フランス

イギリス領
フランス王領
フランス公領

スペイン

地中海

プランタジネット王家系図

ジョフロワ4世
1113〜1151

ノルマンディの攻略に精力的で、1144年には自身をノルマンディ公と称した。

ヘンリー2世
1133〜1189

大領土のアンジュー帝国を築いたが、晩年は息子たちによる反乱に苦しんだ。

エレアノール・ダキテーヌ
1122〜1204

フランス王ルイ7世の王妃だったが結婚を解消し、のちにヘンリー2世と結婚する。

リチャード1世
1157〜1199

十字軍をはじめとする多くの遠征に参加し、その勇猛さから獅子心王と呼ばれた。

ジョン
1167〜1216

ヘンリー2世が築いたアンジュー帝国を崩壊させた。欠地王と呼ばれる。

イザベラ
1188〜1246

1241年、ヘンリー3世とともにフランス王ルイ9世に反乱を起こすが鎮圧される。

ヘンリー3世
1207〜1272

1258年、国王の権力を大きく制限するオックスフォード条款に調印させられる。

エレアノール・オブ・プロヴァンス
1223〜1291

王妃の取り巻きが国政に口を出し始めたことで、ヘンリー3世は諸侯の不満を招く。

ヘンリー1世
1068〜1135

ノルマン朝の第3代王。ノルマン人とアングロ・サクソン人の和解を目指した。

マティルダ・オブ・スコットランド
1080ごろ〜1118

スコットランド王の娘。王女だったころは叔母が院長をつとめるラムジー修道院にいた。

皇妃マティルダ
1102〜1167

イギリスにおける初の女性君主を目指したが、女王として戴冠することはなかった。

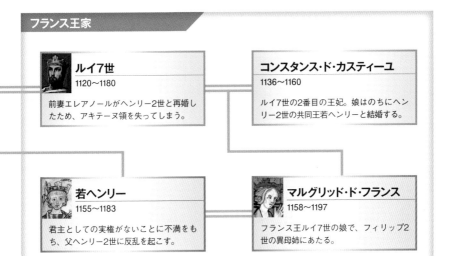

フランス王家

ルイ7世
1120〜1180

前妻エレアノールがヘンリー2世と再婚したため、アキテーヌ領を失ってしまう。

コンスタンス・ド・カスティーユ
1136〜1160

ルイ7世の2番目の王妃。娘はのちにヘンリー2世の共同王若ヘンリーと結婚する。

若ヘンリー
1155〜1183

君主としての実権がないことに不満をもち、父ヘンリー2世に反乱を起こす。

マルグリッド・ド・フランス
1158〜1197

フランス王ルイ7世の娘で、フィリップ2世の異母姉にあたる。

ジョーン
1210〜1238

ジョン王の長女。スコットランド王アレグザンダー2世の最初の王妃となる。

リチャード
1209〜1272

初代コーンウォール伯爵。兄の王位を狙って反乱を起こすが、失敗に終わる。

ヘンリー3世
1207〜1272

王妃の取り巻きたちを重用したため、イギリス人の臣下、諸侯の反発を招く。

エレアノール・ド・プロヴァンス
1223〜1291

詩作の才能に優れており、彼女の詩を読んだヘンリー3世に求婚され、王妃になる。

エレアノール・オブ・カスティーリャ
1241〜1290

王とのあいだに16人もの子をもうけるが、成人したのはそのうち7人のみだった。

エドワード1世
1239〜1307

土地の保有制度改革や教会裁判権の抑制といった政策で国内を安定させた。

エドワード2世
1284〜1327

エドワード1世の四男。初めてプリンス・オブ・ウェールズの称号を授けられた王子。

エドワード3世
1312〜1377

母の血筋を理由にフランスの王位継承を主張し、これがきっかけで百年戦争が起こる。

エドワード黒太子
1330〜1376

各地の戦闘でイギリスに勝利をもたらし、身につけた鎧の色から黒太子と呼ばれる。

ジョーン・オブ・ケント
1328〜1385

エドワード黒太子妃で、イングランドで最初のプリンセス・オブ・ウェールズとなる。

リチャード2世
1367〜1400

人頭税の導入などが原因で、ワット・タイラー率いる民衆反乱に見舞われる。

フィリップ3世
1245〜1285

第8回十字軍に参加したとき、父ルイ9世が
病死。その後フランスに戻り、即位する。

マーガレット・オブ・フランス
?〜1318

エドワード1世の2番目の王妃。次男の娘
ジョーンがのちにエドワード黒太子と結婚。

フィリップ4世
1268〜1314

レジストと呼ばれる世俗の法曹家を官僚に
採用するなど、官僚制度強化に努めた。

イザベラ・オブ・フランス
1295〜1358

夫であるエドワード2世に反逆し、王を幽
閉。廃位に追い込んで死亡させる。

フィリッパ・オブ・エノー
1314〜1369

夫エドワードとは又いとこに当たる。ガー
ター騎士団初の女性受勲者でもある。

ジョン・オブ・ゴーント
1340〜1399

ランカスター家の始祖。百年戦争において
は、多くの戦いに参加している。

ランカスター家

エドマンド・オブ・ラングリー
1341〜1402

初代ヨーク公爵。彼の孫がのちに薔薇戦争
を引き起こすリチャード・プランタジネット。

ヨーク家

ヘンリー2世
Henry II

広大なアンジュー帝国を築いた王

■戴冠とアンジュー帝国の成立

　ヘンリー1世の娘マティルダはスティーヴンから王位を奪還できなかったが、この戦いは息子であるヘンリーが引き継いだ。ヘンリーはマティルダがアンジューに戻ったあとも何度かイギリスに渡りスティーヴンと戦った。1153年には大艦隊を率いて英仏海峡を渡り、圧倒的な強さをもってスティーヴン軍を牽制した。これに弱気になったスティーヴンは、カンタベリー大司教に和睦の仲介を依頼。スティーヴンの息子ユースタスは和睦に反対し、大司教の領地で教会や民家を焼き払い、略奪を行ったが急死する。息子を失ったスティーヴンはついにマティルダの息子ヘンリーを後継者と認め、1154年にヘンリー2世として戴冠する。ヘンリー2世は母からノルマンディとイギリスを、父からはアンジュー伯爵領を受け継いだ。さらに、1152年に南西フランスに広大な領土をもつエレアノール・ダキテーヌと結婚したことで、ヨーロッパ一の大領主となる。この領土はアンジュー帝国と呼ばれている。

■短いマントの王と呼ばれた活動家

　内戦で荒廃した国土を復興するため、ヘンリー2世は王国をすみずみまで視察した。その活動は極めて精力的で、服装には無頓着、食事のとき以外は腰を下ろさず、礼拝時にもそわそわと歩き回っていたという。ヘンリー2世は巡回裁判官を各地に派遣し、土地の占有権回復訴訟を令状で国王裁判所に集中させたことで知られ、イギリスの法制度の多くは、この時代に整えられたものといわれている。

■ヘンリー2世

国土を復興させ、各地を息子たちに治めさせたが、晩年は息子たちの反乱に悩まされることになった。

大司教トマス・ベケット暗殺事件

スティーヴンとマティルダ、ヘンリー2世のあいだで繰り広げられた長い内乱は、国の秩序と規律に混乱を招いた。教会と国王、貴族のあいだでは長期間に渡って聖職者叙任権と裁判権をめぐる争いが繰り返されていた。もともとウィリアム1世は裁判所を教会と世俗（国王や貴族）のふたつにわけていた。しかし教会は、徐々にすべての訴訟を宗教問題にすり替え始め、国王や貴族の介入を阻止するようになっていった。特にイギリス王スティーヴンの時代には、国法が教会の影響を大きく受けるようになり、聖職者は殺人を犯しても教会裁判で裁かれるため、重罰を受けずに済む状態にまでなっていた。ヘンリー2世はこれが王権の侵害に当たるとして猛反発。カンタベリー大司教トマス・ベケットとの確執が深まっていた。

1164年、ヘンリー2世は反ベケット派の司教たちを味方につけ、ソールズベリー近くのクラレンドンで会議を行う。そこでベケットに対し、その会議で定めたクラレンドン法規への署名を強要した。署名後にその内容を確認したベケットは仰天する。それは国王が司教の任命権を有し、聖職者がローマ教皇庁に直訴する権利を規制するといった内容であり、事実上、国王を教会の長にするに等しいものだった。その後、ベケットはクラレンドンから逃亡。英仏海峡を渡ったサント・メール近くの教会に身を潜めるが、ベケットとヘンリー2世の争いは日増しに深刻になっていった。

1170年6月、ヘンリー2世は息子ヘンリーの戴冠式をウェストミンスター寺院で挙行する。これを知ったベケットはヘンリー2世を激しく叱責した。戴冠式を司るのはカンタベリー大司教の権利であり、これを害されたと激怒したのである。その後、フランス王の仲介でふたりは和解し、1170年12月にベケットはイギリスへ帰国する。しかし、その直後にベケットはヘンリー王子の戴冠式に関わった聖職者を罷免する。この行動にヘンリー2世は「誰があの無法者から私を守ってくれるのか」ともらした。この発言を「国王は大司教の暗殺を望んでいる」と解釈した4人の騎士がすぐさまカンタベリーに向かい、大聖堂の祭壇で祈りを捧げていたベケットを暗殺する。ヘンリー2世が知らないうちに行われた暗殺であったが、ローマ教皇はヘンリー2世を赦さず、人々はベケットを殉教者と見なした。結果、ヘンリー2世はベケットの墓の前で修道僧たちに鞭打たれる苦行を命じられ、ローマ教皇に屈状しなければならなくなった。この事件がきっかけになり、十字軍遠征への参加と資金援助を約束し、のちに臣下や息子たちの反逆を招くことになる。

■トマス・ベケットの暗殺

ベケットはかつてヘンリー2世の腹心として活躍し、ヘンリー王子の家庭教師もつとめていた。

73

息子たちの反乱に悩まされた晩年

■十字軍への参加要請

　トマス・ベケット暗殺に対する懺悔として、ヘンリー2世は十字軍遠征への参加を約束し、資金援助としてテンプル騎士団に騎士200人分の費用を提供した。1185年には、エルサレム王国からの救援要請を伝える使節団がイギリスに到着する。当時のエルサレム国王ボードゥアン4世はアンジュー家の分家出身で、ヘンリー2世の従弟に当たる人物だったが、子どもがいなかったため、ヘンリー2世に十字軍への参加とエルサレム王位の継承を要請した。しかし、ヘンリー2世は人員と資金の提供を確約するのみで、従軍の約束はしなかった。1187年にはエルサレムが陥落し、ヨー

ロッパでは第3回十字軍が勧誘された。ヘンリー2世の三男リチャード（のちのリチャード1世）は参加を希望したが、ヘンリー2世とフランス王フィリップ2世はお互いに牽制しあうばかりで、結局ヘンリー2世が聖地に向かうことはなかった。

■息子たちによる反乱

　ヘンリー2世と王妃エレアノールのあいだには4人の息子がいたが、そのすべてがヘンリー2世を裏切る結果になる。きっかけはヘンリー2世がロザムンドという若い女性を寵愛したことで、このときにエレアノールは子どもたちを連れて実家のアキテーヌに戻ってしまった。そして、息子たちにフランス王ルイ7世への臣従の誓いをさせ、父に造反させるのである。1173年に起こった親子間の戦いは父の勝利に終わり、1174年には和解が成立する。しかし、これは一時的なものに過ぎず、1188年には三男リチャードが父に敵対を表明。さらに反乱者の名簿に最も溺愛していた五男ジョンの名前を見つけると、ウィンチェスター大聖堂の壁に描かれた四羽の鷹の雛が親鳥に襲い掛かる絵を思い出し、「子鷲どもがわしを死に急がしめる」と絶望したという。すでに健康を害していたヘンリー2世はこの精神的ショックに耐えられず、トゥルネのシノン城で57年の生涯を閉じる。

■第3回十字軍

第3回十字軍はサラディンに征服されたエルサレムをキリスト教諸国が奪還するために始まった。

エレアノール・ダキテーヌ
Eleanor d'Aquitaine

ヨーロッパの祖母と呼ばれた王妃

■フランス王妃からイギリス王妃へ

　エレアノールはもともとフランス王ルイ7世の妻であり、ふたりの娘を産んでいるが、男児には恵まれなかった。ルイ7世が後継者をもうける必要に迫られたこと、さらにエレアノール自身が僧侶のような王に愛想を尽かしていたこともあり、夫妻はローマ教皇に訴えて結婚を解消。そのわずか数週間後にエレアノールはアンジュー伯爵ヘンリー（のちのヘンリー2世）と結婚し、全ヨーロッパは震撼した。エレアノールはアキテーヌの広大な領土を所有しており、それが誰の手に渡るかでヨーロッパの勢力図が一変するからである。結果として、ヘンリー2世はアンジュー帝国と呼ばれる大領土を支配することになる。

　29歳でフランス王室を去ったエレアノールにもはや子を産む能力はないと思われていたが、11歳年下のヘンリーと結婚したあとは毎年のように子を産み、5男3女をもうけた。5人の男児のうち3人はのちにイギリス王として戴冠した若ヘンリー、リチャード、ジョンであり、長女マティルダはザクセン公爵ハインリヒに、次女エレアノールはカスティーリャ王アルフォンソ8世に、三女ジェーンはトゥールーズ伯爵レイモンに嫁ぐ。さらにルイ7世との長女マリーはシャンパーニュ伯爵アンリに、次女アリックスはブロワ伯爵チボーへと嫁ぎ、エレアノールの血はヨーロッパ全土の王室に流れていく。このことから後世においてエレアノールはヨーロッパの祖母と呼ばれるようになる。

■エレアノール・ダキテーヌ

聖ラドゴンド教会の壁画に描かれた、幽閉時に馬で連れ去られるエレアノール・ダキテーヌ。

ヘンリー2世への反乱とその後

■我が子のために奔走した母

　エレアノールは末子ジョンを身篭るまではヘンリー2世の力強い伴侶として国王を支えていたが、ヘンリー2世がロザムンドという女性を王妃のように寵愛し始めると、息子たちを連れて故郷のアキテーヌへと戻る。そして、かつての夫ルイ7世への臣従を息子たちに誓わせ、ヘンリー2世への造反を企てる。この争いはヘンリー2世の勝利に終わり、エレアノールはそれから十数年間の幽閉生活を余儀なくされる。

　しかし、その15年後に起きた三男リチャードの反逆の際にヘンリー2世は死去。リチャードが十字軍で不在のときは、エレアノールが摂政として政務を行った。リチャードは直後に十字軍遠征へと身を投じるが、1192年の末にその帰路で捕虜となり、15万マルクという巨額の身代金を要求される。これは国王の3、4年分の歳入に相当するが、エレアノールは身代金集めに奔走。そして1194年の2月にリチャードは無事釈放される。

　リチャードの跡を継いで王となったジョンは次々と領土を失い、エレアノールもジョンに対し失望していた。エレアノールは78歳でピレネー山脈を越え、次女エレアノールの嫁ぎ先であるカスティーリャ王国を訪れ、孫娘ブランカとともに帰国、フランス王フィリップ2世の子ルイ（のちのルイ8世）に娶らせた。これによってエレアノールの血筋はフランス王室にも流れていく。そして1204年、82歳という長寿をまっとうしてこの世を去った。

column イギリスでの宮廷文化の開花

　エレアノールは、最初の吟遊詩人として名高いアキテーヌ公ギヨーム9世の孫娘に当たる。幼いころを学僧や芸術家たちが集う宮廷で過ごし、フランス王妃時代やヘンリー2世の妻となってからも芸術家の保護に精力的だった。1168年にアキテーヌへと戻ると、エレアノールの城には吟遊詩人や騎士らが集い、ヘンリー2世との息子たちとその妃や婚約者、かつての夫であるルイ7世との娘マリーも訪れるようになる。

このことから、エレアノールの宮廷からヨーロッパ文化の心髄となる宮廷風恋愛が生まれたと伝えられている。トルバドゥールと呼ばれた吟遊詩人たちは宮廷愛や十字軍を主題とする歌を歌いながら各地をめぐったとされるが、この文化を北フランスやイギリスへと伝播させたのがエレアノールの功績であるとされた。北フランスやイギリスでは彼らをトルヴェールと呼び、詩の内容も徐々に変化していった。

若ヘンリー
Henry the Young King

生没年
1155年2月28日〜
1183年6月11日

在位
1170年？月？日〜
1183年6月11日

ヘンリー2世の共同君主となる

■実権をもたなかった王

　ヘンリー2世には5人の息子がいたが、長男ウィリアムが早世したため、次男であるヘンリー（若ヘンリー）が実質的な長男として育てられた。1169年、ヘンリー2世は14歳の若ヘンリーを正式に後継者と定め、アンジューとメーヌの地を与え、そのほかの土地も息子たちに分配した。このとき2歳だった末子ジョンは土地を与えられなかったが、かえってヘンリー2世に溺愛されるようになる。1170年に若ヘンリーは、ヘンリー2世との共同王として戴冠するが、実権はなく父に不満をもつ。自身の家庭教師だったトマス・ベケットが暗殺されたこと、ジョンへの溺愛がその不満に拍車をかけ、1173年には母であるエレアノールや兄弟たちとともに、父に反旗を翻す。1174年には父と和解するがその後も不仲は続き、1182年には弟リチャードが自分への臣従を拒否したことから、リチャードと交戦。しかし1183年、若ヘンリーは熱病に冒され、28歳の若さで病死した。

■若ヘンリーの戴冠

ルイ7世の娘であるマルグリットと5歳のときに結婚しており、フランス王を義父にもつことになる。

リチャード1世
Richard I

戦いに身を置き続けた獅子心王

第2章 プランタジネット朝

■第3回十字軍への参加

父の死を知ったヘンリー2世の三男リチャードは、すぐさまイギリスへと戻り、リチャード1世として即位した。リチャードはプランタジネット家特有の激しい性格を兄弟の誰よりも強く受け継いでいたとされ、「リチャードの生涯はまるで激しい狂乱の発作みたいなものだった」といわれる。その言葉を体現するように、戴冠式を終えたリチャードは間もなく第3回十字軍遠征に参加。不足した資金は城や所領、官職などを売却して集めた。スコットランド王ウィリアム1世からは、ヘンリー2世が認めさせていた封建臣従の義務を解除する見返りとして1万マルクを獲得している。1190年の夏には遠征に出発し、フランス王フィリップ2世や神聖ローマ皇帝フリードリヒ1世とともに十字軍を指揮した。このときの活躍からリチャードは獅子心王と呼ばれるようになる。一方、イスラム教徒からは残忍な性格を恐れられ、イスラムでは子どもを叱るときに「いい子にしないと人殺しのリチャードを連れてくるよ」と脅

かしたという。

フリードリヒ1世は道中で溺死し、フィリップ2世は病で自国へ戻ったため、リチャードは単独で十字軍を指揮して戦ったが、聖地の奪回は失敗に終わる。しかし、イスラムの王サラディンと和睦し、非武装のキリスト教徒が聖地を巡礼する許可を取りつけた。サラディンからはキリスト教徒一の騎士と称えられたとされる。

■リチャード1世

その治世のほとんどを十字軍に費やしたため、弟であるジョンに王位を脅かされたこともあった。

聖地からの帰路で捕虜となる

■釈放後は各地を転戦する

聖地からの帰路についたリチャードを思わぬアクシデントが襲う。オーストリア公バーベンベルグ家のレオポルト5世に捕虜にされ、その後、神聖ローマ帝国皇帝ハインリヒ6世に売り渡されてしまったのだ。ハインリヒ6世はイギリスに対し15万マルクの身代金を要求。リチャードの母エレアノールは資金集めに奔走し、1194年に釈放された。この間、ジョンはリチャードが死んだものとして即位しようとしたが、諸侯の支持を得られず断念している。釈放されたリチャードはイギリスに戻り王位を回復するが、その後はフランスでフィリップ2世と争い、各地を転戦する。

1199年、蜂起したリモージュ子爵を鎮圧するためにシャリュ・シャブロル城を攻略中、矢で肩を射られ、傷から広がった壊疽のために10日後に亡くなった。この攻城戦は、農夫が地中から見つけたローマ時代の黄金の所有権をめぐる争いに端を発すると伝えられる。

---

column リチャード1世の好敵手・サラディン

サラディンはエジプトのアイユーブ朝の始祖とされる人物。若いころのサラディンは主君や叔父に同伴して各地を転戦し、1167年に始まった第2回エジプト遠征ではナイルデルタ西部の主要都市アレクサンドリアの守備を任される。このときエジプトとエルサレム王国の連合軍がアレクサンドリアに包囲攻撃を仕掛けるが、これを3ヵ月間耐え抜き、撤退の協定を結ぶことに成功。これがサラディンの名を世に知らしめた最初の軍功だろう。その後、1187年にはヒッティーンの戦いで十字軍の主力部隊を壊滅させ、エルサレム奪還に成功。1189年にはリチャード1世が指揮する第3回十字軍の侵攻を許し、窮地に追い詰められるが、辛くも耐え抜き、1192年に十字軍と休戦条約を結ぶ。その結果、エルサレムをはじめとする土地がアイユーブ朝の領土として確定することになった。

■サラディン

第3回十字軍との休戦条約が結ばれた翌年、サラディンは病によってこの世を去っている。

ジョン
John

アンジュー帝国を崩壊させた欠地王

■花嫁略奪から領土喪失を招く

　1169年にヘンリー2世が息子たちに領土を分配したとき、ジョンはまだ2歳だったため領地を得られなかったことから「欠地王」と呼ばれる。父からは「Lack Land（領土がないやつ）」とあだ名を付けられ憐れまれたが、そのぶん息子たちのなかでは最も溺愛された。

　ジョンは王子時代から思いを寄せていたグロスター伯爵の娘イザベラとめでたく結婚したが、子に恵まれず、結婚から10年経ったころに婚姻を解消していた。ちょうどそのころ、ジョンは臣下であるユーグの城に招かれ、ユーグの許婚であるアングレーム伯爵の娘イザベラに出会う。イザベラは当時12歳ほどだったが、ジョンはその可憐さにひと目惚れする。アングレーム伯爵の領地はアンジュー帝国の心臓部にあたり、戦略上重要な土地だったこともあり、ジョンは迷わずイザベラの略奪を決行する。

　領地視察を理由にユーグをイギリスへと派遣し、その間にイザベラを誘拐。ユーグとイザベラが結婚式をあげる予定だった日にイザベラと結婚する暴挙に出た。これを知ったユーグは激怒し、フランス王フィリップ2世に訴え出る。フィリップ2世はジョンから全フランス領土を剥奪することを宣言し、アンジュー帝国の城を預かる城代たちを次々に投降させた。結果、ジョンは大陸に所有していた領地の大半を失い、このことが各地の領主や貴族の反目を招き、ジョンへ不信感が募ることになる。

■ジョン

ヘンリー2世が築きあげたアンジュー帝国の
フランス側領土を失う原因を作った。

　67ページに掲載したヘンリー2世統治時代のプランタジネット朝の領土と比較すると、当時イギリスが所有していた土地の半分以上をジョンの時代に失ったことがわかる。当時のジョンは大陸における人望をすでに失っており、フランス王フィリップ2世の攻勢にノルマンディ、アンジュー、メーヌ、トゥレーヌ、ポワトゥーなどの領主はほとんど抵抗せずに降伏したという。多くの領地を失ったこともあり、ジョンの通称は「失地王」と誤訳される場合もある。

■ジョン王治世時のイギリス領

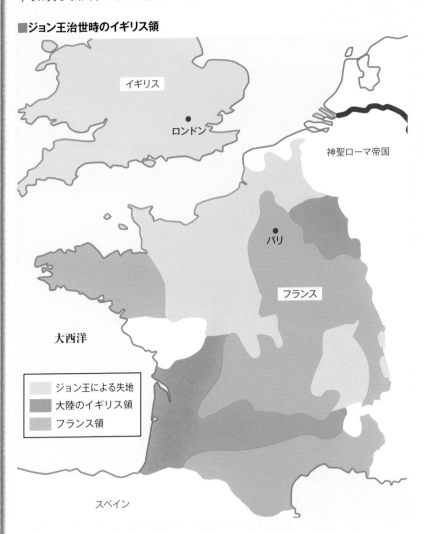

イギリス

ロンドン

神聖ローマ帝国

パリ

フランス

大西洋

凡例
- ジョン王による失地
- 大陸のイギリス領
- フランス領

スペイン

ローマ教皇に破門を言い渡される

■ローマ教皇との争い

1205年にカンタベリー大司教ヒューバート・ウォルターが亡くなり、イギリス王と司教が推薦した候補と、修道士たちが選んだ候補がカンタベリー大司教の座を争った。当時のローマ教皇イノケンティウス3世は両者とも大司教に認めず、代わりに枢機卿であったラングトンを任命。ジョンはこれに反対し、ラングトンを支持する司教たちを追放し教会領を没収し始めた。

1207年にイノケンティウス3世はイギリスにおける教会の聖務を停止し、ジョンを破門する。これは信仰心の薄いジョンにとって痛手ではなかったが、国民には大きな影響を与えた。ジョンは没収した教会領の収入で軍備増強をはかったため、1213年にイノケンティウス3世はフランスのイギリス侵攻を支持。これを脅威に感じたジョンは、イギリスをローマ教皇に寄進し、教皇の封建臣下となることで破門を解かれた。

---

column　ブーヴィーヌの戦い

ジョンは領土奪回のために海軍を整備し、フィリップ2世と対立する神聖ローマ皇帝オットー4世らと連携を深めていった。しかし、領土喪失による収入減を補う目的で国民に重税を課したため、民衆の不満は高まった。当時フィリップ2世は、かねてから反抗しているフランドル伯を攻めたが、イギリス艦船の援軍により撤退していた。これを好機と見たジョンはオットー4世と協力し、フィリップ2世を南北から挟撃する計画を立てた。1214年にジョンはギュイエンヌから侵攻したが、オットー4世の進軍が遅れてしまう。皇帝連合軍とフランス軍は1214年7月27日、フランドルのブーヴィーヌで会戦し、数で劣るフランス軍が皇帝連合軍を打ち破った。

■ブーヴィーヌの戦い

この勝利でフィリップ2世は優位に立ち、ジョンは占領地を放棄し撤退を余儀なくされた。

マグナ・カルタの調印

■敗戦によって民衆の不満が爆発

　ジョンは花嫁略奪から始まる争いでフィリップ2世に敗れ、フランス内の領地を多く失ったにも関わらず、ブーヴィーヌで新たに戦いを仕掛けてふたたび敗北を喫した。戦費のための課税に貴族たちの怒りは爆発し、ジョンを王座から追放する動きを見せ始めた。かつてジョンがローマ教皇に破門されたことで、国民は子どもが産まれても洗礼を受けられず、死者が出ても葬式を行えない事態を経験していたため、多くの国民がジョンの廃位を支持した。ジョンはこれを力で押さえつけようとしたが、諸侯たちは結束して反抗し、内戦が勃発。この状況にジョンを見限る臣下も多く、間もなくジョンは劣勢に立たされる。国民の信頼を失った王は自ら退位するか、廃位されるしか選択肢がなかったが、反乱側も新たな王の候補を見つけられなかった。そこで、王の権限を制限する文書、マグナ・カルタを承認することで事態を収拾させた。

■マグナ・カルタの影響

　マグナ・カルタは1215年6月15日、イギリス南東のラニーミードにおいて調印され、国王も古来からの慣習を尊重する義務があり、法によって権限を制限されることが確認された。これは王の権力行使にも適正な手続きが必要となる、現代の法制度の原型になった。この条文の多くはのちに廃止されることになるが、一部はそのまま現行法として残り、現在のイギリス憲法を構成する法典のひとつとなっている。この翌年、ジョンは病死した。

■マグナ・カルタ

マグナ・カルタの謄本は各地に送られたが、現存するオリジナルの文書は4通のみとされる。

ヘンリー3世

Henry III

生没年
1207年10月1日〜
1272年11月16日

在位
1216年10月18日〜
1272年11月16日

わずか9歳で即位した王

■花嫁とともに争いを迎える

　1216年の第1次バロン戦争で、フランス王太子ルイがロンドンを占領している最中にジョンが死去。その長男であるヘンリーは当時まだ9歳であったが、ヘンリー3世として即位。ペンブルック伯爵ウィリアム・マーシャルや、ヒューバート・ド・バラらの重臣が幼王の補佐に当たった。ジョンに対し反乱を起こした諸侯たちは王政の廃止が目的ではなく、マグナ・カルタに従った合議制が確立できればよかった。そ

■ヘンリー3世

大陸領土の奪還を試みたものの、莫大な費用に見あった成果は得られず、諸侯の反感を買った。

のため、ヘンリー3世の重臣たちがマグナ・カルタを認めると、幼王ならば扱いやすいという判断もあり、ヘンリー3世が王位につくことを支持した。その後も諸侯の派閥争いは続いたものの大事には至らず、ヘンリー3世は戴冠より約10年を経た1227年から親政を開始する。

　ヘンリー3世が30歳になったころ、プロヴァンス伯爵の娘エレアノールのうわさを耳にする。エレアノールは詩作の才能に優れ、彼女の詩を読み心を動かされたヘンリー3世は、エレアノールに求婚するための使者を派遣する。使者はプロヴァンス伯爵に対し持参金2万マルクを要求したが、プロヴァンス伯爵は貧しく、これが原因で交渉は滞っていた。この事態を知ったヘンリー3世は、持参金はどうでもいいから早く決着をつけるようにと命令し、結果ほとんど持参金をもたない花嫁を迎えることになった。めでたく話がまとまったように思えたが、花嫁が引き連れてきたプロヴァンス人が原因で新たな争いが起きることになる。

貴族たちによる反乱

■オックスフォード条款の承認

　王妃となったエレアノールとともにイギリスへとやってきたプロヴァンス人たちは、いつまでも王妃の取り巻きとしてイギリスに残り、ついには国政に口を出すようになる。宮廷はフランス人で溢れかえるようになり、さらにヘンリー3世がマグナ・カルタに反して対外政策に必要な資金を貴族から徴収したため、国王と貴族の争いが再燃。1258年には武装した貴族たちがオックスフォードに集結し、レスター伯爵シモン・ド・モンフォールのもとでオックスフォード条款を作成。これはマグナ・カルタ以上に王の権力を制限するものだった。貴族たちは国王に同意を求め、一時はヘンリー3世もこれを認めたものの、貴族たちの派閥争いを理由に、1261年にローマ教皇アレクサンデル4世の許可を得て条款を反故にする。この事態をきっかけに同年、第2次バロン戦争が勃発。1264年、ルイスの戦いでヘンリー3世は敗北し、王太子エドワード（のちのエドワード1世）とともに捕らえられた。1265年にヘンリー3世は、ロンドンで開催されたド・モンフォールの議会において、オックスフォード条款に加え、マグナ・カルタも正式に承認させられた。これをきっかけにして、国王すら法を遵守しなければならないという考えが根付いたとされる。

■エドワードの反撃

　ヘンリー3世がオックスフォード条款を再認したことで争いは終結すると思われたが、1265年5月、囚われの身だった王太子エドワードが脱出に成功。当時25歳だったエドワードはふたたびシモン・ド・モンフォール率いる貴族軍に戦いを挑む。多くの諸侯はエドワードに味方し、同年に起こったイヴァーシャムの戦いは貴族軍の敗北に終わる。エドワードはシモンをはじめとする貴族軍を全滅させて、ヘンリー3世は王権を回復する。その後、大きな争いは発生せず、1272年11月16日にヘンリー3世は病没。改修中だったウェストミンスター寺院に埋葬され、長男エドワードが即位する。

■エレアノール・ド・プロヴァンス

結婚式でティアラをかぶったことで知られ、その習慣は今も続いている。

エドワード1世
Edward I

生没年
1239年6月17日～
1307年7月7日

在位
1272年11月17日～
1307年7月7日

賢王と讃えられた名君

■数々の政策で国内を安定させる

エドワードは妃エレアノールとともに第8回十字軍に参加し、1272年にはアッコンを攻め落とすことに成功。だがその帰路で、イギリスに残してきた長男ジョン、次男ヘンリーが相次いで病死したことを知る。追い討ちをかけるように父ヘンリー3世の訃報も届き、傍目にも痛々しいほど嘆き悲しんだという。即位後、1273年に帰国してからは、土地の保有制度改革や教会裁判権の抑制などの政策を打ち出した。

■エドワード1世

EDWARD I.

エドワードの政策によって保守派と改革派の争いは落ちつきを見せ、イギリスの内政は安定した。

---

column　第8回十字軍は死者が相次ぐ事態に

第8回十字軍はフランス王ルイ9世によって主導され、イスラム教国のチュニジアを攻めた。チュニジアに上陸した十字軍は現地勢力の抵抗を受け、滞陣中には飲み水の劣悪さや暑さによって病気が蔓延し、死亡者が相次ぐ事態に陥った。間もなくルイ9世が病没し、王太子フィリップ(のちのフィリップ3世)はチュニジアとの貿易の回復、キリスト教徒の保護などの条件でイスラム側と和睦している。

■第8回十字軍

©Bibliothèque nationale de France

エドワード参戦後を第9回と呼称する場合もある。

ウェールズ平定とスコットランド遠征

■ウェールズで王子が誕生

　エドワード1世はウェールズ平定とスコットランドの征服を目標に、1282年、自身への忠誠を拒否したウェールズ君主、ルウェリン・アプ・グリフィズを攻め、これを撃破した。翌年の春には王妃エレアノールとのあいだに男児が産まれ、自身と同じエドワードと名付けている（のちのエドワード2世）。エドワード1世は息子の育児をウェールズ人の乳母に任せた。ウェールズ人は直属の主に忠誠を尽くす傾向が強く、ウェールズで生まれた王子にプリンス・オブ・ウェールズの称号を授けてウェールズの主とすることで、その父である自身の権威がウェールズ全体に行き渡るよう考えたのである。

■スコットランド王位への介入

　ウェールズを平定したエドワード1世は1290年、スコットランドへの遠征を行う。同年にはスコットランド女王マーガレットが死去し、直後に起こった王位継承争いに介入したのだ。1291年にエドワード1世は自身を裁定者とし、ジョン・ベイリャルを王位継承者に選んだ。その背景として、ジョンの妻であるイザベルはエドワード1世のいとこに当たり、イギリス王室と近い人物を選ぶことで自身の権力を及ばせようという理由もあったと考えられている。

　エドワード1世の協力もあってスコットランド王となったジョンだったが、その見返りとしてエドワード1世に対して臣従を誓わされてしまう。しかしジョンは、1296年4月にエドワード1世に対する臣従を拒否、北部イギリスへ侵攻した。エドワード1世はこれを破り、ジョンを廃位に追い込む。その後もエドワード1世はスコットランドへの野心を捨てず、1307年、スコットランド遠征の途上で病死した。

---

column　プリンス・オブ・ウェールズの起源

　プリンス・オブ・ウェールズとは、そもそもウェールズ地方の支配者を意味する称号であり、最初に名乗ったのはウェールズ君主、ルウェリン・アプ・グリフィズだ。ルウェリンはエドワード1世との戦いに敗れて死去。1301年にエドワード1世はウェールズ人の反乱を抑えるため、息子である

エドワードにプリンス・オブ・ウェールズの称号を授けた。14世紀以降は、イギリスの次期国王を意味する称号として、王位継承権をもつ最年長の王子にプリンス・オブ・ウェールズの称号が与えられた。現在は女王エリザベス2世の長男チャールズがプリンス・オブ・ウェールズである。

エドワード2世
Edward II

生没年
1284年4月25日〜
1327年9月21日

在位
1307年7月7日〜
1327年1月20日

王妃に殺された史上最悪の王

■寵臣の処刑をはじめとする事件

　初めて「プリンス・オブ・ウェールズ」の称号を授けられたエドワードは、父の跡を継いでエドワード2世として即位するとフランス王フィリップ4世の娘イザベラを妻に迎える。イザベラは美顔王と称されたフィリップ4世の血を濃く継いでおり、容姿端麗だったことから「麗しのイザベラ」と呼ばれた。

　王妃となったイザベラは、エドワード2世とその寵臣であるピエール・ド・ギャヴェストンがただならぬ関係にあることを知る。エドワード2世はギャヴェストンをコーンウォール公爵とし、宮内庁長官にも任命した。これを快く思わなかったイザベラは、ヘンリー3世の次男であるランカスター伯爵トマスを中心とした反ギャヴェストン勢力を集める。トマスは反ギャヴェストンの貴族たちとともにエドワード2世に対して反乱を起こし、ギャヴェストンを捕らえてすぐさま処刑したのだった。

　ギャヴェストンの処刑とともにエドワード2世の権威も失墜するが、それに呼応するようにさまざまな事件が起きる。処刑を担当したウォリック伯爵のガイ・ド・ビーチャムは怪死を遂げ、エドワード1世が征服したスコットランドはロバート・ブルースに奪還された。エドワード2世は急遽スコットランドに兵を送るが、1314年、バノックバーンの戦いに大敗し、ロバート・ブルースがロバート1世としてスコットランド王に即位してしまう。さらに、国をかつてない大飢饉が襲い、王族も日々の食べ物に事欠く状態が続くことになった。

■エドワード2世

多くの失策や寵臣の登用によって諸侯の反発を招き、最期は王妃イザベラによって幽閉される。

第2章　プランタジネット朝

臣下を寵愛したことが自身の死を招く

■王妃イザベラの反逆

　イギリスを襲った飢饉は3年に渡って続いたが、その間にエドワード2世はウィンチェスター伯爵のヒュー・デスペンサー親子を寵愛するようになる。ギャヴェストンのときと同様にデスペンサー親子は国王に匹敵する強い権力をもつようになり、これに危機感を覚えた王妃イザベラは、弟であるフランス王シャルル4世を頼って海を渡り、エドワード2世の廃位とデスペンサー親子の失脚を狙って動き始める。自身の愛人であったマーチ伯爵ロジャー・モーティマーに反デスペンサー勢力を束ねさせ、イギリスを侵略する計画を練ったのだ。

■イザベラ・オブ・フランス

サフォークに上陸する王妃イザベラと、その部下たちを描いた絵画。

■幽閉され獄中で最後を迎える

　1326年、イザベラは王子エドワード（のちのエドワード3世）とともにイギリス東部サフォークに上陸し、すぐさま父親のデスペンサーを捕らえて処刑する。同年の11月にはウェールズのグラモーガンにて、息子のデスペンサーとエドワード2世を捕らえ、デスペンサーは処刑、エドワード2世はケニルワース城に幽閉した。1327年1月、イザベラ王妃が召集した議会でエドワード2世の廃位が決定され、15歳になる王子エドワードが後継者に選ばれた。

　エドワード2世はその後、ケニルワース城からブリストルの北にかまえるバークレイ城に移送され、間もなく亡くなったとされている。その年の9月22日には、エドワード2世は自然死であると公表された。当然遺体に傷跡はなかったが、肛門に焼け火箸を差し込まれる拷問を受けて殺害されたといううわさが、のちに反モーティマー派によって流された。

　その後は王子がエドワード3世として即位するが、母であるイザベラとその愛人モーティマーに権力を握られていた。即位から3年が経った1330年、エドワード3世はモーティマーを反逆罪で裁判にかけ、絞首刑に処す。同時に母イザベラも幽閉し、エドワード3世の親政が本格的に始まる。

9

エドワード3世
Edward III

生没年
1312年11月13日〜 1377年6月21日

在位
1327年1月25日〜 1377年6月21日

百年戦争が始まるきっかけ

第2章 プランタジネット朝

■フランスの王位継承権を主張

　即位時に権力を掌握していたモーティマーを処刑、母イザベラは終身幽閉処分としたエドワード3世だが、イザベラに対しては孝を尽くしたとされる。それは母に生きていてもらいたい理由があったからだ。エドワード3世が即位した翌年には、フランス王シャルル4世（イザベラの弟）が子をもうけないまま世を去り、フィリップ4世の弟の息子がフィリップ6世として即位する。フランスでは女性の王位継承は認められていなかったが、女性が相続権を息子に継承できるかは曖昧だった。そこでエドワード3世は、フランスの王位継承権を主張する。母イザベラがフィリップ4世の娘であったため、イザベラの息子であるエドワード3世にもフランスの王位継承権があると考えたのだ。この主張はフランス側には受け入れられず、いったんはフィリップ6世の王位を認めた。

■エドワード3世

百年戦争では息子のエドワード黒太子と共に奮戦し、多くの戦いで勝利を収めている。

■フィリッパ・オブ・エノー

エノー伯爵ギヨームの娘であり、エドワード3世の妻となってから12人の子どもを出産している。

英仏百年戦争の始まり

■快進撃を続けるイギリス軍

1337年にフランス王フィリップ6世はガスコーニュ地方の没収とフランドル地方の併合を宣言し、ガスコーニュに軍を進めた。これを受けてエドワード3世は1337年11月、フランスに宣戦布告。のちに百年戦争と呼ばれるイギリスとフランスの争いの幕が切って落とされることとなる。

1340年、イギリス軍はオランダ南西のスロイス沖で行われた海戦に勝利。さらに、1346年にはノルマンディ北部のクレシーで大勝を収める。エドワード3世はこの戦いの勝利を祝し、1348年にはガーター騎士団を創設している。クレシーの戦いから10年後に起こったポワティエの戦いでは、フランス王ジャン2世を捕虜にすることに成功し、イギリスに凱旋した。

■領土の拡大と喪失

イギリスでは、遠征の費用を捻出するための議会が度々開かれるようになり、このころから本格的な議会制が始まる。1360年にはイギリス、フランス両国のあいだで和議が成立し、エドワード3世はフランス王位継承権の放棄を約束する。その代わりとしてガスコーニュ、アキテーヌ、カレーなどの領土をイギリス領とする、イギリスにとって圧倒的に有利な条約を締結した。

しかし、1369年にはフランス王シャルル5世が攻勢に出る。当時イギリスは黒死病が流行し、危機的状況にあった。また、追い討ちをかけるように王妃フィリッパが55歳でこの世を去り、エドワード3世は悲しみに暮れていた。この間にカレー、ボルドーなどを除くフランス領土を奪い返されてしまったのだった。

---

column ## クレシーの戦い

1346年、ノルマンディに上陸したエドワード3世はパリ近郊まで侵攻。対するフィリップ6世はアキテーヌから兵を呼び戻し、大軍を集結しつつあった。これを察知したエドワード3世は北上し、クレシーに布陣。イギリス軍はロングボウ（長弓）を装備した弓兵を主力に、下馬騎士の部隊としてエドワード黒太子も参戦。数で勝るフランス軍を圧倒して戦闘は終結した。

■クレシーの戦い

数倍の戦力差を長弓と槍を駆使した戦術で見事に撃退した。

不遇だった晩年

■悲しみから愛人に溺れる

王妃フィリッパを失ったエドワード3世は悲しみに暮れるあまり、愛人であったアリス・ペラーズに溺れ、次第に国政は蔑ろに。国政の実権は四男のランカスター公ジョン・オブ・ゴーントに奪われてしまう。エドワード黒太子がフランスから帰国するとエドワード3世は実権を取り戻し、息子と共同で国政の改革に臨むが、戦争による赤字財政が原因で思うように進まず、1376年にはエドワード黒太子が赤痢のために亡くなってしまう。その翌年、エドワード3世は息子の跡を追うようにこの世を去る。王に最期まで付き添った愛人アリスは、王が亡くなると部屋からめぼしい宝石を奪って宮殿を去ったという。

column ガーター騎士団

エドワード3世はアーサー王伝説に登場する円卓の騎士への憧れから1348年にガーター騎士団を創設した。その名の由来としては、靴下止め伝説が広く知られている。エドワード3世が催した舞踏会で、貴婦人が靴下止め（ガーター）を落とした。これは現代の感覚で表すと下着を落とすに等しくそれを見た宮廷人たちは忍び笑いをした。しかし、エドワード3世は靴下止めを拾いあげ「これを悪しくいう者には災いあれ」といい、自分の左脚にはめたという。ここから他人の窮地を助けることを信念とした騎士団が誕生したとされている。創立時のガーター騎士はエドワード黒太子をはじめとする総勢24名だった。現在ではガーター騎士団の証であるガーター勲章はイギリスの最高勲章とされ、6月にウィンザー城で叙勲が行われている。

■靴下止め伝説

靴下止めを落としたのは、のちにエドワード黒太子の妃となるジョーン・オブ・ケントといわれる。

■ガーター騎士団の正装

ガーター騎士団の正装であるローブと羽根飾り付きの帽子を身にまとった女王エリザベス2世。

第2章　プランタジネット朝

エドワード黒太子
Edward, the Black Prince

生没年
1330年6月15日～
1376年6月8日

在位
—

百年戦争で勇名を轟かせた王太子

■各地でイギリスの勝利に貢献

エドワード3世の長男であるエドワードは、黒色の鎧兜を身にまとい、フランスとの戦争で武勇を発揮したことから、しばしば黒太子と称される。1346年に起こったクレシーの戦いでは弱冠16歳ながら一部隊の指揮を任され、続くカレー包囲戦などでもイギリスの勝利に貢献。1356年に起きたポワティエの戦いでは、数的不利を覆して大勝利を収める。しかし、その後は徐々に病気がちになり、1367年、王位につくことなく赤痢が原因で亡くなった。

■エドワード黒太子

EDWARD THE BLACK PRINCE.

父よりも早く亡くなったために即位はしておらず、王位は彼の息子リチャードが継いだ。

column　ポワティエの戦い

イギリス軍はこの戦いで、かつて少数で大部隊に勝利したクレシーの戦いと同様の作戦を立て、地形を上手く活用して戦ったとされる。正面を除く三方を自然の障害によって守り、正面から攻めてくるフランス軍に矢の雨を降らせた。馬を射られ機動力を失ったフランス軍は劣勢を覆せず、結果はイギリスの大勝。フランス国王ジャン2世はイギリス軍の捕虜となってしまう。

■ポワティエの戦い

倍近い人数で攻めてきたフランス軍を見事に撃退した。

リチャード2世
Richard II

生没年
1367年1月6日～
1400年2月14日

在位
1377年6月22日～
1399年9月29日

祖父の跡を継いで王位につく

■頻発する反乱に悩まされる

　1377年6月21日に祖父エドワード3世が亡くなると、リチャード2世として即位。このとき10歳だったリチャード2世の補佐として、エドワード3世の五男であるヨーク公エドマンド・オブ・ラングリーが摂政となった。即位から3年後の1380年、百年戦争の戦費を調達するため、貧富の区別なく国民から一定の税金を徴収する人頭税の導入を決定する。しかし、これは貧しい者には重く、裕福な者には軽い税制だったため、各地で暴動が起き始める。

　1381年6月、エセックスのタイル工といわれるワット・タイラーに率いられた、増税に反対する下層階級の農民と労働者たちが反乱を起こした。リチャード2世はワット・タイラーとの面会に応じ、ロンドン郊外のスミスフィールドで反乱軍にあう。しかし、話しあいが始まろうというときにロンドン市長のウィリアム・ウォールワースが短剣でワット・タイラーを刺殺。リチャード2世は反乱軍の要求を飲むことでこの騒ぎを収めるが、この約束は守られず、ほかの反乱指導者たちも相次いで絞首刑にされた。

column　ワット・タイラーの乱

　当時流行していた黒死病による労働力不足を補うため、領主は農民の自由な移動を制限し、農奴制を強化していた。そこに人頭税が導入されたことで、農民の不満は爆発し、反乱軍は一気に膨れあがった。ワット・タイラーはケント地方から徒党を組んでロンドンに侵攻、ついにはロンドンを占領する。さらにはカンタベリー大司教のサイモン・オブ・サドベリーも殺害した。

■ワット・タイラーの乱

ワット・タイラーの反乱軍と会見するリチャード2世。

反乱によって王位を失う

■王位を奪われ幽閉される

　1382年、リチャード2世は神聖ローマ帝国皇帝カール4世の長女であるアン王女と結婚するが、子には恵まれなかった。結婚から12年後の1394年、黒死病でアンが亡くなり、1396年にはフランス王シャルル6世の娘であるイザベラと再婚した。このときイザベラはわずか7歳であった。

　1399年の初め、子をもたないリチャード2世に、叔父であるランカスター公爵のジョン・オブ・ゴーントが自身の王位継承権を主張する。しかし、ジョンは間もなく亡くなり、彼の死が事態を沈静化するいい機会であると捉えたリチャード2世は、その息子であるヘンリー・ボリングブルック

に対し、広大なランカスター公領の没収と国外追放を命じた。ヘンリーは父に代わって王位継承権を主張し領地の返還を強く求めたが、リチャード2世はこれに応じなかった。ヘンリーは反乱軍を組織し、リチャード2世がアイルランドに遠征している隙を突いてヨーク州のラヴェンスパーに上陸。リチャード2世の治世に失望していた諸侯もこれに加勢した。ヘンリーはアイルランドから帰還するリチャード2世をウェールズで待ちかまえて捕らえ、ロンドンに連行。リチャード2世はロンドン塔に幽閉され、その後開かれた議会で正式に廃位。ヘンリーはヘンリー4世として即位し、ランカスター朝を創始する。

第2章　プランタジネット朝

■リチャード2世

退位したリチャードは1400年2月14日、ヨーク南西のポンティフラクト城で死去した。死因は不明だが、過酷な処遇を受けて餓死したと伝えられる。

■ジョン・オブ・ゴーント

自身は王位につけなかったが、その野望は息子のヘンリーが引き継ぎ、ランカスター朝で花開く。

House of Lancaster
ランカスター朝

1399〜1461年、1470〜1471年

分家ながら、前国王を倒すことで王位を得たランカスター朝は3代に渡って
その治世を維持するが、皮肉にも内乱によって打倒され幕を閉じた。

対仏戦争と内乱に明け暮れた治世

■領土拡大に成功するも次代に衰退

ランカスター朝は1399年にヘンリー4世がいとこにあたるリチャード2世を打倒して創始した王朝である。創始者であるヘンリー4世がランカスター公爵の家系であることにちなんで、この名で呼ばれている。

1361年にランカスター公グロスモントが死亡すると、後継となる息子がいなかったので、国王エドワード3世は、息子のジョン・オブ・ゴーントをグロスモントの娘と結婚させ、ランカスター公位を継がせた。ヘンリー4世は、このジョンの息子である。ランカスター公爵位はヘンリー4世の息子ヘンリに引き継がれ、彼がヘンリー5世として即位したあとは、イギリス国王が継承する称号のひとつとなった。現在のランカスター公爵位保有者はエリザベス2世である。

ランカスター朝の創始者ヘンリー4世の治世は相次ぐ有力貴族の反乱に悩まされ、不安定な状態が続いた。このため対外問題に目を向ける余裕はなく、隣国フランスとは友好的な関係を保とうとした。

しかし、1413年に即位したヘンリー5世は強硬的な対外姿勢に転じ、休戦中だった百年戦争を再開するとアザンクールの戦いをはじめとする数度の戦いで大きな勝利をあげる。この戦果によりヘンリー5世は北フランスで多くの領土を獲得し、フランス王シャルル6世の娘キャサリンと結婚するが、自身は1422年に35歳で急逝してしまう。

後継者にはヘンリー5世の息子ヘンリー6世が英仏両国の国王に即位するが、年齢はわずか生後9ヵ月。若すぎる新王のもとで国内はまとまりを欠いて内紛が続き、フランスに再起の機会を与えてしまう。イングランド軍は各地で連敗して領土を奪い返され、1453年に百年戦争は終結した。しかし、戦後もイングランドの内紛は収まらず、1455年には薔薇戦争が勃発。1461年に精神を病んでいたヘンリー6世は退位に追い込まれ、王位はヨーク家のものとなった。その後、1470年にヘンリー6世はヨーク家の内紛に乗じて復位するが、1471年にはふたたび退位させられて間もなく死没。ランカスター朝は終焉を迎えた。

■ヘンリー5世

百年戦争で活躍して北フランス
で領土を拡大し、ランカスター
王家を躍進させた立役者。勇猛
果敢で英雄的な人物と後世に伝
えられ、シェイクスピアの史劇
でも名君として描かれている。

ヘンリー5世在位時のランカスター朝の領土

　ヘンリー5世は自ら軍隊を率いてフランスに
渡り、かつてのイングランド王の支配地域で
あったノルマンディやアキテーヌなど多くの領
土を勝ち取った。しかし、35歳という若さで

彼が急逝したことにより、イングランドの勢い
は失われ、息を吹き返したフランスの反撃に
よってカレーを除く領土はすべて奪い返されて
しまった。

ランカスター王家系図

第2章 ランカスター朝

ブランシュ・オブ・ランカスター	ジョン・オブ・ゴーント
1345〜1386	1340〜1399
ランカスター公爵ヘンリー・オブ・グロスモントの次女。	ランカスター公爵の娘と結婚し、ランカスター公爵を継承。

ヘンリー4世	メアリー・ド・ブーン
1367〜1413	1368〜1394
リチャード2世を打倒してランカスター王朝の創始者となった。	ヘンリー4世の最初の妻。7人の子を生んだが出産中の事故で早死にした。

ヘンリー5世	キャサリン・オブ・ヴァロワ
1387〜1422	1401〜1437
百年戦争で活躍して領土を広げ、ランカスター朝の最盛期を築いた名君。	フランス王シャルル6世の娘。ヘンリー5世の死後、オーエン・テューダーと再婚。

ヘンリー6世	マーガレット・オブ・アンジュー
1421〜1471	1429〜1482
生後9ヵ月で王になる。百年戦争終結後に精神を病み、薔薇戦争の引き金を作った。	フランスの雌狼と呼ばれた勇敢な王妃。薔薇戦争では夫に代わって軍勢を率いた。

エドワード・オブ・ウェストミンスター
1453〜1471
母とともに兵を率いて戦ったが、テュークスベリーの戦いで敗死した。

98

エドワード3世
1312〜1377

フランスの王位継承権を主張し、フランス王家と対立。百年戦争を起こした。

フィリッパ・オブ・エノー
1314〜1364

ガーター騎士団初の女性受勲者。夫とともに戦場に出向き、兵士を激励した。

ヨーク家

キャサリン・スウィンフォード
1350〜1403

ジョン・オブ・ゴーントの愛人で3番目の妻となる。子孫がボーフォート家を興す。

エドマント・オブ・ラングリー
1342〜1402

ヨーク家の始祖。のちに薔薇戦争を起こしたヨーク公爵リチャードの祖父にあたる。

ジョン・ボーフォート
1371 ?〜1410

初代サマセット伯爵。薔薇戦争でランカスター家に与したボーフォート家の始祖。

マーガレット・ホランド
1385〜1439

ジョン・ボーフォートの妻。夫の死後、トマス・オブ・ランカスターと再婚した。

オーエン・テューダー
1400〜1461

のちにテューダー朝を興したテューダー家の祖。薔薇戦争で敗死した。

ジョン・ボーフォート
1404〜1444

初代サマセット公。百年戦争期のイングランド貴族で軍司令官も務めた。

マーガレット・ビーチャム
?〜?

ジョン・ボーフォートの妻。

エドマンド・テューダー
1430ごろ〜1456

両親の結婚が秘密であった時期に生まれ、母の死後に認知された。薔薇戦争で死亡。

マーガレット・ボーフォート
1443〜1509

生涯で4回結婚した。最初の夫との子どもが、のちの国王ヘンリー7世である。

第2章 ランカスター朝

ヘンリー4世
Henry IV

生没年
1367年4月3日〜 1413年3月20日

在位
1399年9月30日〜 1413年3月20日

先王を破って王位を得る

■所領相続をめぐって国王と対立

　ヘンリー4世はランカスター公ジョン・オブ・ゴートとその妻ブランシュのあいだに生まれた唯一の男子だ。

　ヘンリーが結婚したのは14歳のとき。妻はヘレフォード伯ハンフリー・ド・ブーンの次女メアリーで、彼女とのあいだに5男2女をもうけた。しかし、1394年にメアリーは不幸にも24歳という若さで早世してしまう。死因は出産時の事故だったという。妻の死から9年後、ヘンリーはブルターニュ公ジャン5世の未亡人ジョーンと再婚。ふたりめの妻は先妻の子どもたちを可愛がったと伝えられるが、ヘンリーとのあいだに子が生まれることはなかった。

　1398年、ヘンリーはノッティンガム伯爵トマス・モウブリーと対立して決闘騒ぎを起こした罪で、リチャード2世によってパリに追放された。その1年後、父のジョン・オブ・ゴートが他界する。しかし、当時の国王リチャード2世は国外追放中のヘンリーがランカスター公爵領を相続することを許さず、所領を没収した。この措置に不満をもったヘンリーは、同じように国王に不満をもつパーシィ家やネヴィル家など有力貴族と共謀して反乱を起こした。

　ヘンリーの反乱軍はアイルランドに遠征中だった国王軍をウェールズとの国境付近で待ちうけ、これを破ってリチャード2世を捕らえた。イングランドの議会はリチャード2世の廃位とヘンリーの王位継承を決定。これによりヘンリー4世が即位し、新王朝ランカスター朝が始まった。

■ヘンリー4世

ランカスター朝の創始者。国王と対立して反乱を起こし、力で王位を奪い取った。

自らの罪に苦悩した晩年

■内外の問題や病魔に苦しめられる

前王朝を倒壊して王位についたといういきさつがあるため、ヘンリー4世の王権の正当性は脆弱で、即位後も国内には反発する勢力が多かった。即位から数年後には、かつての協力者であるパーシィ家も反乱を起こしている。ヘンリーはネヴィル家の協力を得てこの反乱を収めるが、自身の味方となる勢力の確保には苦労が続いたようで、家臣を増やすための財源の確保で議会と方針が対立することもあったようだ。また、フランスに対する外交方針において

も、和平路線を目指すヘンリー4世は、強硬路線を支持する息子のヘンリー5世と意見が対立し、心労の種となった。

こうした苦労が続いたため、ヘンリーは次第に王位を奪ったことを後悔するようになり、晩年にはリチャード2世の幻影に怯えることもあった。即位する前の1390年にヘンリーはリトアニアの遠征軍に参加しているが、このときに感染した皮膚病も彼を弱気にさせる原因になったという。1413年、ヘンリー4世は病に倒れ、その苦難に満ちた生涯を終えた。

---

column ## のちの世の王を生んだランカスター公の再婚

ヘンリー4世の父ジョン・オブ・ゴーントは、その生涯のなかで3人の妻を迎えている。ヘンリー4世を生んだのは最初の妻ブランシェだが、彼女はペストによって若くして病死。その2年後にジョンはカスティリア王の娘コンスタンスと再婚するが、このころ彼はキャサリン・スウィンフォードという未亡人を愛妾にして3男1女をもうけていた。その後、コンスタンスが他界するとキャサリンは3人目の妻として迎えられ、4人の子どもたちも王位継承権はもたないものの嫡出子として認められる。こうして嫡出を認められた子どもたちはボーフォート家を名乗り、その血統を後世に伝えていく。そしてその子孫のひとりがのちにヨーク朝を倒してテューダー朝を興したヘンリー7世なのである。

■ジョン・オブ・ゴーント

長男ヘンリー4世が興した王朝は滅びたが、再婚相手とのあいだに生まれた子の子孫が栄えた。

ヘンリー5世
Henry V

王子時代から名将の片鱗を見せる

■病弱な父の片腕として活躍

　ヘンリー5世はヘンリー4世とその妻メアリーの子。両親のあいだには彼が誕生するまえにもうひとり男子が生まれていたが、この子は赤子のうちに夭折しており、2番目の子であるヘンリーが実質的には長子であった。その後、両親は5人の子を授かるが、母は1394年に幼いヘンリーを残して他界。12歳のときには父も国王リチャード2世の命によってパリへ追放されてしまったため、孤独なヘンリーはリチャード2世に引き取られた。それから1年後の1395年、父ヘンリー4世は所領の相続をめぐってリチャード2世と対立。反乱を起こすとリチャード2世を捕らえて廃位に追い込み、自らが国王に即位してランカスター朝を興した。この結果、ヘンリーもプリンス・オブ・ウェールズに叙せられ、王朝の後継者としての地位につく。

　成長したヘンリーは優秀な軍人としての才覚を見せ始め、軍隊を率いて国内各地で発生する反乱の鎮圧で戦功を重ねていく。また、病気がちな父ヘンリー4世に代わって政治に関わる機会も多く、王子のうちから大きな政治権力を有していた。ヘンリーは対フランス政策では主戦派であったため、和平派であるヘンリー4世とは意見が異なっていたが、父の存命中は大きな火種になることはなかったようだ。その後、1413年にヘンリー4世が他界すると、ヘンリー王子はヘンリー5世として即位。対フランス政策は主戦派が主流となり、休戦状態だった百年戦争が再開された。

■ヘンリー5世

勇猛で戦上手だったといわれる。フランスとの戦いで活躍し、ランカスター朝の最盛期を築いた。

わずかな期間に強い光を放った治世

■フランスで連戦連勝し領土を拡大

　1415年8月、ヘンリー5世は2万人の兵を率いてフランスに攻め込んだ。そしてオンフルール要塞を占領して拠点を確保すると帰還中にアザンクールでフランスの大軍と衝突し、これを破る。続いて行われた1417年のフランス遠征でも勝利し、1420年にフランスとのあいだにトロワ条約を結ぶ。これにより、ヘンリー5世は遠征によって占領した地域の領有権と、フランスの王位継承権を獲得した。また、同時期にフランス王シャルル6世の娘キャサリンを妻に迎え、1年後には第1子ヘンリーを授かった。しかし、順風満帆に見えた治世はここで頓挫してしまう。1422年、フランスに遠征したヘンリー5世は現地で赤痢にかかり、34歳の若さで急逝してしまうのだ。

■キャサリン・オブ・ヴァロワ

結婚後わずか2年で未亡人に。後年にウェールズ人オーエン・テューダーと再婚した。

---

column｜アザンクールの戦い

　ヘンリー5世はその生涯で多くの戦いに勝利しているが、なかでも彼の名を高めたものとして知られているのがアザンクールの戦いだ。この戦いは1415年のフランス遠征の際に起きたもの。ヘンリー5世はこの戦いの前にオンフルールを陥落させていたが、兵力を消耗したためイングランド領のカレーへ帰還しようとしていた。しかし、フランス軍はアザンクールで軍をまとめ、イングランド軍を待ち受けていた。両軍が激突したのは10月25日。開戦前のイングランド軍の兵力7000人に対し、フランス軍は2万人。約3倍の兵力差を誇る敵を相手にヘンリー5世は狭くなった地形を選び、大量の杭を立てて陣地を作った。戦いはイングランドの長弓隊が矢を射かけることで始まった。フランス軍は重装騎兵を押し出して突撃したが、狭い道と杭に阻まれて近づけず、やむなく反転する。しかし、騎兵たちは後方の味方と押しあいになり大混乱に陥ってしまう。イングランド軍はこの好機を見逃さず突撃し、劇的な勝利を収めたのである。

■アザンクールの戦い

フランス軍の重装騎兵はイングランド軍の策にはまり、降り注ぐ弓矢に一方的に打ちのめされた。

ヘンリー6世
Henry VI

生没年
1421年12月6日〜
1471年5月11日

在位
1422年8月31日〜
1461年5月4日／
1470年10月30日〜
1471年4月11日

親族の後見を受けて即位した幼い王

■名君の死がもたらした混乱

　ヘンリー6世はランカスター朝第2代国王ヘンリー5世とフランス国王の娘キャサリン・オブ・ヴァロワの子。父ヘンリー5世は34歳という若さで急死してしまったため、息子ヘンリー6世は生後9ヵ月で即位することになった。貴族たちは王が成年となるまで代わりに政治を執る人物が必要と考え、政治に関してはヘンリー6世の叔父グロスター公爵ハンフリーが、フランスとの戦争はもうひとりの叔父ベッドフォード公爵ジョンが担当することになった。

　ベッドフォード公爵はフランス軍の拠点となっていたオルレアンを包囲したが、フランス王太子シャルル率いる軍勢に打ち破られてしまう。シャルルはそのままランスに入り、1429年にフランス王シャルル7世として戴冠した。これに対してヘンリー6世も1431年にパリでフランス王として戴冠式を行い王権を主張するが、フランスの反抗を止めることはできなかった。フランスとの戦況が不利になるとイングランド国内では和平の道が探られるようになり、そ

こへヘンリー6世とマーガレット・オブ・アンジュー（シャルル7世の王妃の姪）との結婚話がもちあがった。

　1444年5月、両国のあいだには2年間の停戦協定が結ばれ、翌年にはヘンリー6世とマーガレットの結婚も成立した。しかし、休戦協定から間もなくイングランドが協定違反をしたことにより、ふたたび戦端が開かれてしまう。イングランドは財政的に戦争を続けるのは難しく、1453年に百年戦争が終結するまでにフランスに有していた領土のほとんどを手放すことになった。

■ヘンリー6世

生後9ヵ月でイングランドとフランスの王位につく。その生涯を対外戦争と内戦に翻弄された。

1337年に始まった百年戦争はイングランド軍とフランス軍が互いに押し引きを繰り返し、数回の休戦期間をはさみつつ長期間に渡って続いていた。ヘンリー6世が即位したのは、前王ヘンリー5世の遠征の成果によりイングランドがフランスを圧倒していた時期である。

ヘンリー5世の急死によってイングランドの攻勢はいったん止まったが、幼いヘンリー6世に代わってベッドフォード公爵に軍権が与えられると、イングランドはまたもフランスに攻め込んだ。そしてフランス北部の大半を占領し、フランス中部の都市オルレアンを包囲した。

フランス軍は前フランス国王シャルル6世の子シャルルが中心となってブールジュで抵抗を続けていたが、イングランド軍の勢いに押されて消極的になっていた。しかし、「神の声を聞いた」と公言する少女ジャンヌ・ダルクの出現により、意気消沈していたフランス軍の兵士たちは戦意を取り戻す。ジャンヌに鼓舞されたフランス軍はオルレアンを包囲するイングランド軍に襲いかかり、撃退に成功する。その後もフランス軍は行く先々で勝利を重ね、1429年6月にランスに到達。同年の7月17日にシャルル7世はランスでフランス国王となる正式な戴冠式を行った。ジャンヌはそれから1年後に敵の捕虜となり、翌年に処刑されてしまう。しかし、フランス軍の勢いは彼女の死後も衰えることはなく、1453年までにフランスはカレーを除くすべての領土をイングランドから奪い返し、百年戦争に終止符を打った。

■ジャンヌ・ダルク

突如現れてフランスの窮地を救った英雄。しかし、その活躍時期は短く、オルレアンの劇的な勝利から1年後には敵に捕らえられ、異端裁判を経て火刑に処されるという悲劇的な死を迎えた。

第2章 ランカスター朝

王を支えた者たち

■精神を病んだ王に代わって戦った王妃

　1453年、ヘンリー6世とマーガレットのあいだに待望の男子エドワードが誕生する。しかし、ヘンリー6世はこのころ精神に異常をきたしており、正気の回復と精神疾患の再発を繰り返すようになっていた。

　国王の衰えが発覚すると、ヨーク公爵リチャードは譲位を要求するようになった。しかし、王妃マーガレットはこれを認めなかったため、1455年、ヨーク家とその協力者たちはランカスター王家に反旗を翻し、薔薇戦争が勃発する。

　王妃マーガレットは勇敢な女性で、病弱な王に代わってランカスター王家の軍勢を率いて戦った。1460年にはヨーク家の軍勢を破り、ヨーク公爵リチャードを戦死させている。しかし、1461年2月の戦いで王妃軍は敗北し、ヨーク公爵リチャードの子エドワードが同年3月4日にエドワード4世として即位。ランカスター朝の歴史は幕を閉じ、ヨーク朝が開かれた。

　ヘンリー6世とマーガレットはスコットランドに逃亡したが、ヘンリー6世は1465年に捕縛される。マーガレットはフランスに逃げ、エドワード4世と対立したウォリック伯爵を味方につけた。そして1470年にふたたびヨーク王家に挑み、エドワード4世を追いやってヘンリー6世を復位させることに成功するが、すぐにエドワード4世の反撃を受けてヘンリー6世は再度退位させられる。その後、ヘンリー6世はロンドン塔に幽閉され、1471年に他界した。

■マーガレット・オブ・アンジュー

「フランスの雌狼」と恐れられた勇猛な王妃。薔薇戦争では自ら軍勢を率いて戦った。

■ウォリック伯爵リチャード・ネヴィル

エドワード4世の協力者だったが、のちに対立して王妃マーガレットに手を貸した。

薔薇戦争の呼称は、19世紀のスコットランドの小説家ウォルター・スコットが広めたものだとされる。戦いの主役となった2勢力のうち、ランカスター家が赤い薔薇の記章、ヨーク家が白い薔薇の記章をそれぞれ採用していたことがその由来である。

薔薇戦争は1455年から約30年ほど続き、イングランド全域が戦場となった。下図の通り、主要な戦いは1460年前後と1470年前後に集中しているため、30年続いた戦争といっても、常に戦い続けていたわけではない。かつてはこの戦いで国土が荒廃したといわれていたが、実際に軍事行動を行っていた期間は合計で1年ほどというデータも近年出てきている。このため、

国土が荒廃したという情報は、ヘンリー7世が流した情報戦略だったともいわれている。

ただし、戦闘の当事者である貴族たちの犠牲は多く、ランカスター家に与して戦った主要貴族は総大将ヘンリー6世や後継者のエドワード王子をはじめ、半数以上が戦死または戦場で捕らわれ処刑された。また、ヨーク家でも戦争開始当初の当主であったヨーク公爵リチャードのほか、ラットランド伯爵やソールズベリー伯爵などの大貴族が戦死または処刑されている。エドワード4世も1469年7月のエッジコート・ムーアの戦いでランカスター家に捕らえられてしまい、かなり危険な状況に陥ったことがあったのだ。

■薔薇戦争の主戦場と勝敗

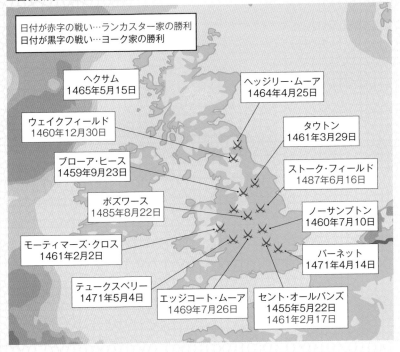

日付が赤字の戦い…ランカスター家の勝利
日付が黒字の戦い…ヨーク家の勝利

ヘクサム
1465年5月15日

ヘッジリー・ムーア
1464年4月25日

ウェイクフィールド
1460年12月30日

タウトン
1461年3月29日

ブローア・ヒース
1459年9月23日

ストーク・フィールド
1487年6月16日

ボズワース
1485年8月22日

ノーサンプトン
1460年7月10日

モーティマーズ・クロス
1461年2月2日

バーネット
1471年4月14日

テュークスベリー
1471年5月4日

エッジコート・ムーア
1469年7月26日

セント・オールバンズ
1455年5月22日
1461年2月17日

ヨーク朝

王朝解説 4

1461〜1485年

薔薇戦争で台頭したヨーク家のエドワード4世が興したヨーク朝。しかし、反乱による王位の奪いあいで衰退していくこととなる。

薔薇戦争とともに始まった王朝

■王位継承権の獲得

のちに赤い薔薇をシンボルとしたランカスター家と対称的に、白い薔薇をシンボルとしていたのがヨーク家。ランカスター家と同様にプランタジネット家の分家にあたり、最初のヨーク公爵はエドワード3世の子、エドマンド・オブ・ラングリーである。エドマンドにはエドワード・オブ・ノリッジとリチャード・オブ・コニスバラというふたりの息子がいた。兄であるエドワードは1402年に公爵位を継承するが、子をもたぬままに1415年10月、アザンクールの戦いで命を落とす。弟のリチャードも1415年6月にヘンリー5世への反逆罪で処刑されるが、彼には息子リチャード・プランタジネットがいた。かくしてリチャード・プランタジネットは、伯父であるエドワードが所持していたヨーク公領と、父リチャードのケンブリッジ伯領を継承することになる。

さらに、リチャード・プランタジネットの母であるアン・ドゥ・モーティマーは、弟のエドマンド・モーティマーが亡くなったことでマーチ伯領を受け継ぐ。マーチ伯爵エドマンドはリチャード2世の推定相続人でもあったため、リチャードはモーティマー一族のマーチ伯領に加え、イギリスの王位継承権まで相続することになった。

■ヨーク朝の成立と終焉

1455年、リチャードは薔薇戦争最初の戦いとなるセント・オールバーンズの戦いで、サマセット公爵エドマンド・ボーフォート率いるランカスター軍を破る。しかし、1460年、ウェイクフィールドの戦いで命を落とし、息子のエドワードが彼の遺志を継ぐことになる。エドワードは翌年2月、モーティマーズ・クロスの戦いでランカスター軍に勝利し、エドワード4世として即位、ヨーク朝を創始する。エドワード4世はランカスター派の反乱に度々悩まされ、1483年に死去。王位は息子のエドワードが継ぐが、エドワード4世の弟リチャードに王位を奪われる。しかし、リチャード3世もヘンリー・テューダーの反乱によって命を落とし、ヨーク朝は3代で幕を閉じた。

■エドマンド・オブ・ラングリー

エドワード3世の四男。甥のリチャード2世が即位すると摂政をつとめ、のちにヨーク公爵となる。

■幽閉されるエドワード5世

エドワード5世は弟とともにロンドン塔に幽閉され、リチャード3世に王位を奪われて亡くなった。

■ボズワースの戦い

この戦いでリチャード3世は味方の裏切りにあい戦死。勝者となったヘンリー・テューダーはヘンリー7世として即位し、テューダー朝が始まる。

ヨーク王家系図

エドマンド・オブ・ラングリー
1341～1402

甥であるリチャード2世が即位したときは摂政をつとめ、1385年にヨーク公爵となる。

イザベラ・オブ・カスティル
1355～1392

カスティーリャ王ペドロ1世の娘。姉はジョン・オブ・ゴーントと結婚している。

リチャード・オブ・コニスバラ
1375～1415

義弟を王位につけようとするが、当時の王ヘンリー5世に知られ、処刑された。

アン・ドゥ・モーティマー
1390～1411

マーチ伯爵ロジャー・モーティマーの娘。エドワード3世の玄孫にもあたる。

リチャード・プランタジネット
1411～1460

王位を求めてヘンリー6世に反乱を起こし、これを契機に薔薇戦争が勃発する。

エドワード4世
1442～1483

ヘンリー6世を廃位させ、ヨーク朝を興す。ランカスター派の反乱に苦しめられた。

エリザベス・ウッドヴィル
1437～1492

エドワード4世と秘密結婚をするが、のちに発覚。宮廷内に確執を招いてしまう。

ヘンリー7世
1457～1509

ボズワースの戦いでリチャード3世を破り、王位につく。テューダー朝の創始者。

エリザベス・オブ・ヨーク
1466～1503

エドワード4世の娘で、のちにヘンリー7世の王妃となる。四男四女を産む。

第2章　ヨーク朝

エドワード3世
1312〜1377
百年戦争のきっかけを作るが、王妃を亡く
したことから晩年は愛人に溺れる。

フィリッパ・オブ・エノー
1314〜1369
フランドル織物の技術者をイギリスに招く
など、国内産業の振興に貢献した。

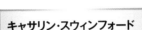
ランカスター家

ジョン・オブ・ゴーント
1340〜1399
エドワード黒太子の弟。リチャード2世に
よってランカスター公領を没収される。

キャサリン・スウィンフォード
1350〜1403
ジョン・オブ・ゴーントの3番目の妻。結
婚からわずか3年で未亡人に。

ラルフ・ネヴィル
1364〜1425
初代ウェストモーランド伯爵。のちにリ
チャード・プランタジネットの後見人となる。

ジョーン・ボーフォート
1379〜1440
ジョン・オブ・ゴーントの娘。結婚前に生ま
れるが、のちに正式な子どもと認められる。

セシリー・ネヴィル
1415〜1495
ふたりのイギリス王の母。宗教活動に献身
し、信心深い人物として知られている。

リチャード3世
1452〜1485
ヨーク朝最後の王。甥であるエドワード5
世を幽閉し、その王位を剥奪する。

エドワード5世
1470〜1483？
エドワード4世の長男。弟とともにロンド
ン塔に幽閉され、約3ヵ月で廃位になる。

エドワード4世
Edward IV

生没年
1442年4月28日〜
1483年4月9日

在位
1461年3月4日〜1470年10月3日
1471年4月11日〜1483年4月9日

好色が原因で反乱を招いた

■のちの王妃・エリザベスへの熱愛

　父であるリチャード・プランタジネットが、ウェイクフィールドの戦いでランカスター軍に敗れて戦死したことを知ると、長男エドワードは軍を召集。その翌年の1461年、セント・オールバーンズの戦いでランカスター軍を打ち負かし、ヘンリー6世は退位。エドワードはエドワード4世として即位した。エドワード4世は「女のことしか頭になく、女のことになると理性をなくす」と陰口を叩かれるほど手当たり次第に女性に手を出していたとされ、22歳のころにはランカスター家の騎士だったジョン・グレイの未亡人、エリザベス・ウッドヴィルを熱愛していた。エリザベスは当初エドワード4世の求愛を拒んでいたが、これがかえって火をつけ、1464年1月、ふたりは秘密裏に結婚する。

　しかし、その5ヵ月後、この結婚が明るみに出る。敵対するランカスター家に与する未亡人との結婚は貴族たちの不評を買った。これに加えてヨーク家の者たちを怒らせたのは、エドワード4世がエリザベスの一族を寵臣として扱ったことだった。エリザベスの父リチャード・ウッドヴィルは財務長官につき、5人の弟たちもすべて重職を任されるなど、宮廷は王妃エリザベスの親類で溢れかえっていった。ウッドヴィル家に対する世間の不満は日増しに高まり、エドワード4世の弟であるクラレンス公爵ジョージとグロスター公爵リチャード（のちのリチャード3世）は宮廷を辞し、自身の領地に帰ってしまう。

■エドワード4世

エリザベスとの結婚は、当時もちあがっていたフランス王室との縁談を破談にしてしまう。

廃位から王位に返り咲く

■リチャード・ネヴィルに王位を追われる

　ウッドヴィル一族を重用するエドワード4世に対し、ウォリック伯のリチャード・ネヴィルはクラレンス公爵ジョージと盟約を結び、1469年に反乱を起こした。エドワード4世は捕らえられ、ミドルハム城に幽閉。リチャード・ウッドヴィルは斬首された。それから約半年間に渡ってエドワード4世はリチャード・ネヴィルの監視下に置かれるが、リンカンシャーでの反乱の機会に自らの軍を集めることに成功。リチャード・ネヴィルとジョージはフランスへの逃亡を余儀なくされる。

　しかし反乱はこれで終わらず、フランスへ逃れたふたりはヘンリー6世の妃マーガレットを中心とするランカスター派と手を組んだ。エドワード4世は彼らの反撃を受け、一時的にオランダに逃れる。これを機にリチャード・ネヴィルはロンドン塔に幽閉されていたヘンリー6世を復位させた。

　1471年3月、エドワード4世とその弟リチャードは軍勢を率いてヨークシャーに上陸。そこから南下し、4月11日にはロンドンに入った。そのわずか3日後に行われたバーネットの戦いでリチャード・ネヴィルを敗死させ、5月4日のテュークスベリーの戦いでも勝利する。捕らえられたヘンリー6世の息子エドワードは処刑されたとも伝えられる。ヘンリー6世もロンドン塔で死去し、これによってランカスター家の王位継承権者はほぼ根絶やしにされた。

　1483年、エドワード4世は42歳で病死。遺体は聖ジョージ大聖堂に埋葬され、王位は長男エドワードに継承された。

■テュークスベリーの戦い

この戦いで亡くなった王太子エドワードは、イギリス史上唯一の戦死した王太子でもある。

エドワード5世
Edward V

生没年
1470年11月4日〜
1483年？

在位
1483年4月10日〜
1483年6月26日

わずか3ヵ月で王位を追われた少年王

■弟とともに幽閉される

エドワードは父エドワード4世の跡を継ぎ、1483年4月9日、エドワード5世として12歳で王位についた。これに対し、エドワード4世の弟で、摂政をつとめていたグロスター公爵リチャードが反発。エドワード5世が戴冠のためにロンドンへと移動しているタイミングを狙い、エドワード5世の母エリザベスの弟で側近でもあったリヴァース伯アンソニー・ウッドヴィルを逮捕、処刑した。同様にエリザベスが前夫ジョン・グレイとのあいだにもうけたグレイ卿トマスも処刑し、その後、エドワード5世とその弟であるヨーク公爵リチャードをロンドン塔に幽閉してしまう。

グロスター公爵リチャードはエドワード4世とエリザベスは身分違いであるうえ、そもそもエドワード4世は、今は亡きエレアノール・トールボットと正式に婚約していたため、エリザベスとの結婚は無効であると主張した。さらに、エリザベスの子であるエドワード5世とヨーク公爵リチャードは庶子であると宣言したのだった。この

3ヵ月後の6月26日、議会はリチャードの主張を認め、エドワード5世とヨーク公爵リチャードの王位継承の無効を議決した。ロンドン塔に幽閉されたふたりの消息は明らかになっていないが、1674年、ロンドン塔の改修を行った作業員が、子どもの遺骨と思われる頭蓋骨や骨片が納められた木箱を発見した。これらはのちにウェストミンスター寺院に安置された。

■エドワード5世

エドワード5世は王位にはついたが、間もなく幽閉されたため、戴冠は行われていない。

エドワード5世とその弟を殺害したのはグロスター公爵リチャード（リチャード3世）であるとする説が有力。だが、近年の研究では、リチャード3世から王位を簒奪しテューダー朝を起こしたヘンリー7世に殺害されたとする説も存在している。その理由としては、ふたりの殺害後のリチャード3世の動向があげられている。

エドワード4世と王妃エリザベスの結婚が無効になったことで、エドワードとリチャードは王位継承権を失った。そのため、リチャード3世にとってこのふたりはひとまず無害である。のちの禍根を断つという意味での殺害はありえない話ではないが、リチャード3世の王位を狙うような王位継承権をもつ者は、このふたり以外にも多数いる。

まずあげられるのがエドワード4世とエリザベスの娘たちだ。フランスとは違い、イギリスは女子の王位継承が認められてい

る。この娘だけでも6人おり、さらにはクラレンス公爵ジョージ（エドワード4世の弟、リチャード3世の兄）の子であるエドワード、マーガレットもいる。特にジョージの子は王位継承権に関してはリチャード3世よりも優位だ。リチャード3世が自身の王位を守ろうと考えるなら、これらすべての王位継承権保持者を殺害する必要があるといっても過言ではない。しかしながら、リチャード3世は多くの甥や姪を手にかけてはいない。

王位継承権保持者を殺害する必要性が高かったのは、ランカスター家のヘンリー7世のほうなのだ。ヘンリー7世の母マーガレット・ボーフォートは、エドワード3世の四男ジョン・オブ・ゴーントの曾孫にあたるが、マーガレットの祖父ジョン・ボーフォートが王位継承権を放棄させられたため、ヘンリー7世の王位継承権に疑問をもつ者が多かったのだ。

■ロンドン塔の若き王と王子

発見された遺骨は近代になって専門家に鑑定されたが、年齢や性別は特定されていない。

リチャード3世
Richard III

エドワード5世から王位を剥奪する

■議会に推挙され即位

　ヨーク朝最後の王となるリチャードは幼くして父を失くし、幼少期はウォリック伯リチャード・ネヴィルのもとで過ごしながら、騎士としての修業を積んだ。1461年に兄エドワードがエドワード4世としてイギリス王に即位すると、グロスター公に叙位される。リチャードはエドワード4世がリチャード・ネヴィルとランカスター派の策略でオランダに追われたとき、一貫してエドワード4世に尽くして兄の復位に貢献した。しかし、エドワード4世の王妃エリザベス・ウッドヴィルの親族が政権内で勢力を伸ばし始めると、これと対立する。

　1483年にエドワード4世が病死すると、その跡を継いだエドワード5世の摂政に就任し、エドワード5世の戴冠直前にリヴァース伯アンソニー・ウッドヴィルらを処刑。エドワード5世とその弟リチャードをロンドン塔に幽閉し、王子たちの王位継承権は無効であると訴えた。同年6月26日、議会はエドワード5世の王位継承権を否定するとともに、リチャードを新たな王に推挙し、リチャード3世が即位した。1483年10月、リチャード3世への抵抗を続けていたリッチモンド伯爵ヘンリー・テューダー（のちのヘンリー7世）が王位を奪おうとするのに呼応し、リチャード3世の政権樹立に貢献したバッキンガム公ヘンリー・スタフォードが反乱を起こす。リチャード3世はすぐにこれを鎮圧するが、以降も反乱のうわさは絶えず、政情は不安定だった。

■リチャード3世

シェイクスピアにはテューダー朝の敵役として描かれ、その人物像が後世に広く伝えられている。

薔薇戦争末期・ボズワースの戦い

■部下の裏切りによる敗北

　1485年8月にはヘンリー・テューダーがフランスから侵入し、ボズワースの戦いではリチャード3世は自ら軍を率いて参戦した。この戦いはヘンリーの勝利に終わるが、趨勢を決したのはリチャード3世の部下であるトマス・スタンリーによる裏切りだった。トマスはヘンリーの継父にあたる人物で、リチャード3世軍に属しながらも戦闘には参加せず、結果的にヘンリーの勝利に貢献した。この戦いでリチャード3世は殺害され、ヨーク朝は幕を閉じた。

■トマス・スタンリー

ヘンリー7世の勝利に貢献したことで、1485年10月には初代ダービー伯爵に叙爵されている。

■ボズワースの戦い

序盤はリチャード3世軍有利だったが、トマスがヘンリーについたことで形勢が一気に傾いた。

テューダー朝

1485〜1603年

30年に及ぶ薔薇戦争が終結して誕生したテューダー朝は、現在に続く国教会が設立されたほか、大英帝国時代につながる繁栄への種がまかれた王朝だ。

混乱期を乗り越えのちの繁栄の礎を築く

■王権の強化と安定に苦心した時代

1455年から始まった薔薇戦争は、1485年8月のボズワースの戦いをもってほぼ終了した。この戦いで、自ら軍を率いたヨーク朝の王リチャード3世が戦死。勝利したヘンリー・テューダーがヘンリー7世として即位して、テューダー朝が始まった。

ヘンリー7世は、リッチモンド伯エドマンド・テューダーとランカスター公の血統に連なるマーガレット・ボーフォートの息子。しかし、父母どちらの家系をたどっても血統的には王位継承の根拠がなく、平和な世であれば王位とは無縁な人物だった。

ヘンリー7世もこの点は理解していたようで、それは王権の強化で国内を安定させようとした王の政策からも見てとれる。

この点は1509年に王位を継承したヘンリー8世も同じだった。ヘンリー8世は王朝を安定させるために強い男児を欲し、在位中に6人の女性と結婚を繰り返した。敬虔なカトリックだったにも関わらず、離婚を認めないカトリック教会から離脱して国教会まで設立。6人の王妃のうち、ふたり

は処刑された。男児を得るためならなりふりかまわぬとも見える王の振る舞いは、それだけ王位が不安定だったという証しなのだろう。

しかし、ここまでしたにも関わらず、ヘンリー8世が望んだような「男子による安定した王位継承」は実現しなかった。国教会を設立したことで宗教改革が進み、国内のプロテスタントとカトリックのあいだで宗教的な対立が発生。エドワード王子やメアリー王女、エリザベス王女と母や信仰が異なる子どもたちが王位継承権をもっていたこともあり、王朝は不安定になった。なかでもプロテスタントのエドワード6世が即位した1547年から、カトリックのメアリー1世が没した1558年までの11年間は、特に国内が混乱した時期だった。

幸い、女王エリザベス1世の時代に国内は落ちつき、のちの発展の基礎を築くことができた。しかし、王位をめぐる混乱は、女王が終生独身を貫いたため、テューダー朝の終焉とともに、次世紀に影響を落としたのだった。

戦争後の混乱を抑えて王権を強化

■薔薇戦争の終結

1483年、エドワード4世の跡を継いだエドワード5世に対し、エドワード4世の弟リチャードが正当性を問題とし、議会の支持を得て自らリチャード3世として即位した。

すると、これに反対するランカスター派が結集。対抗者として当時フランスに亡命していたヘンリー・テューダーに白羽の矢が立てられた。のちにヘンリーがエドワード4世の娘エリザベスと婚約すると、リチャードに否定的なヨーク派の者たちの支持も集まり始めた。こうして迎えた1485年、ヘンリーはボズワースでリチャード3世と激突。当初、ヘンリー側は劣勢だったが、リチャード3世に与した一部の貴族が寝返ってリチャード3世が戦死。王位継承者がいなかったこともあり、薔薇戦争に終止符が打たれた。

■貴族の弱体化に乗じて王権を強化

テューダー朝が誕生した当時、薔薇戦争の影響で貴族が激減して弱体化していた。

王となったヘンリー7世は、こうした状況を利用してさまざまな体制や法律を制定し、王権の強化をはかることにした。貴族が許可なく私兵をもつことを禁じた「揃い服禁止令」や、国王の大権によって裁きを行う星室庁の設置などはその代表的な例といえるだろう。

また、地方を統括するために、州ごとに治安判事を置き、その担当としてジェントリ(地主)層を登用。治安判事の仕事内容は徐々に拡大していったが、あくまで無給だった。これは身分が高い者は相応の義務を負うという原則に基づいた地主の義務と考えられたためで、以後の王朝でも地方統治の要として採用された。

領土的には停滞期だったテューダー朝

■テューダー朝は充電期間だった

テューダー朝期は、薔薇戦争で疲弊した国内を立て直す時期だったこともあり、領土的にあまり大きな変化は生じなかった。

特にヨーロッパ大陸については、一部の都市を一時的に保持したことはあったものの、短期間で喪失。長らく保っていたカレーも1558年に失っており、むしろ後退した時期だった。その代わり、親フランス勢力が強かったスコットランドからフランス勢力の排除を進めた。アイルランド統治への試みも始まり、王朝末期には地味ながら海外進出への準備も進んでいる。

これらはいずれもステュアート朝以降に起こるブリテン島の統一や海外植民地拡大の基盤となった。テューダー朝は、のちの繁栄に備えた充電期間だったといえるだろう。

■テューダー朝期のイギリス

ゲーリック・アイルランド
イングリッシュ・アイルランド
スコットランド王国
カレー(1558年に失う)
イングランド王国
ネーデル・ラント
トゥルネー(1513〜18年)
ウェールズ・プリンシパリティ
ウェールズ辺境領主領(1536年に州に編成)
大西洋
フランス

119

テューダー王家系図

フランドル伯爵家

エドマンド・テューダー
1430ごろ～1456
父オーエンとヘンリー5世の未亡人キャサリンの子。ヘンリーの誕生前に病没した。

マーガレット・ボーフォート
1443～1509
ランカスター公の傍流、ボーフォート家の娘で、ジョン・オブ・ゴーントの曾孫。

ヘンリー7世
1457～1509
テューダー朝の創始者。貴族の力を削ぎ、中央集権化による王権の強化を図った。

アーサー
1486～1502
ヘンリー7世の長男。キャサリン・オブ・アラゴンと結婚したが、病で急逝した。

キャサリン・オブ・アラゴン
1485～1536
アーサーの元王太子妃。のちにヘンリー8世の王妃となり、メアリー1世を産んだ。

スコットランド王家

マーガレット・テューダー
1489～1541
ヘンリー8世の姉。スコットランド王ジェームズ4世に嫁いでジェームズ5世を産む。

ジェームズ4世
1473～1513
スコットランドの王で、メアリー・ステュアートの祖父。

アーチボルト・ダグラス
?～?
ジェームズ4世が亡くなって未亡人となったマーガレット・テューダーの再婚相手。

メアリー・ステュアート
1542～1587
スコットランドの女王。イングランドに亡命し、エリザベス女王への陰謀に加担した。

ヘンリー・ステュアート
1545～1567
ヘンリー8世の姪マーガレットの子で、メアリー・ステュアートの夫。

ステュアート家

ジェームズ1世
1566～1625
スコットランド王ジェームズ6世。ジェームズ1世としてイングランド王も兼ねる。

ヨーク家

エリザベス・ウッドヴィル
1437～1492
エドワード4世の妻。エリザベス・オブ・ヨークのほかふたりの王子を産んだ。

エドワード4世
1442～1483
薔薇戦争の発端となったヨーク公リチャードの息子。ヨーク朝を開いた。

エリザベス・オブ・ヨーク
1466～1503
ランカスター派とヨーク派を結ぶため、ヘンリー7世の王妃となる。

エドワード5世
1470～1483？
父エドワード4世の跡を継いで即位したが、王弟リチャードに幽閉され姿を消す。

ジェーン・シーモア
1509ごろ～1537
ヘンリー8世の3番目の王妃。エドワードを産んで間もなく、体調が悪化して死去。

ヘンリー8世
1491～1547
ヘンリー7世の次男。結婚問題からカトリック教会を離脱して国教会を設立した。

メアリー・テューダー
1496～1533
フランス王ルイ12世に嫁ぎ、王が亡くなったあと、サフォーク公と再婚した。

メアリー1世
1516～1558
ヘンリー8世と王妃キャサリンの娘。国内のプロテスタントを弾圧した。

フランセス・ブランドン
1517？～1559？
メアリー王女とサフォーク公の娘。のちにジェーン・グレイを産んだ。

エドワード6世
1537～1553
ヘンリー8世の長男。摂政のサマセット公とともに宗教改革を推し進めた。

ヘンリー・グレイ
1517？～1554
フランセス・ブランドンの夫。のちに枢密院議員となり、宗教改革を推進した。

アン・ブーリン
1500ごろ～1536
王妃キャサリンの侍女。のちにヘンリー8世の王妃となり、エリザベスを産んだ。

ジェーン・グレイ
1537～1554
サフォーク公夫妻の娘。政争に巻き込まれて望まぬ王位につき、のちに処刑された。

エリザベス1世
1533～1603
王妃アンの娘。「39ヶ条信仰告白」を制定し、国内の宗教問題を収束させた。

ヘンリー7世

Henry VII

内乱を制したランカスター派最後のプリンス

■王位継承の正当性

　ヘンリー7世は、父のリッチモンド伯エドマンド・テューダーと母マーガレット・ボーフォートの子として産まれた。当時、薔薇戦争が始まっており、ヨーク派に捕らえられた父はヘンリーが生まれる前に幽閉先で病没。幼年期のヘンリーは叔父のジャスパー・テューダーに育てられ、のちにフランスのブルゴーニュに亡命している。

　これまでも度々述べたように、ヘンリーは傍流だったので、正当な王位継承権をもたない。しかし、エドワード4世が急死した当時、ランカスター派の有力な王位継承者の多くはすでに亡くなっており、健在だった者のなかで年長だったヘンリーにチャンスがめぐってきたのだった。

　1485年、ヘンリーはリチャード3世と対決したボズワースの戦いで勝利。リチャード3世が戦死したことを受けて、ヘンリー7世として即位すると、翌年にはエドワード4世の娘エリザベスと結婚した。

　さらに、ヘンリー7世はリチャード3世が即位した際の議決を無効とし、庶子に落とされていた妻エリザベスの王位継承権を復活。これによりヘンリー7世の王位継承は一応の正当性をもつことになった。

　しかし、即位した直後は度々王位を僭称する者が反乱を起こした。これに不安を感じたのか、ヘンリー7世は誕生した長子に伝説の王と同じアーサーの名をつけ、その妻にスペインの王女キャサリンを迎えて王室の格に重みを与えようとした。

　ヘンリー7世は中央集権的な体制づくりに邁進したが、これも「少しでも王位を安定させたい」と強く望んだことが理由のひとつだったのだろう。

■ヘンリー7世

テューダー朝の創始者。外国と平和を維持しつつ、疲弊したイングランドの国力増強につとめた。

貴族勢力を抑えつつ国力の回復につとめる

■星室庁を設置し貴族を抑える

薔薇戦争後に即位したヘンリー7世は早急に国内を安定させる必要があった。しかし、貴族たちは金銭と引き換えに武力を提供する従者団を抱えており、強力な常備軍をもたない王への反抗は容易であった。

そこで、ヘンリー7世は議会での立法や王の大権で裁く星室庁の設置といった、平和的な手法で貴族の力を削いでいった。

戦争では貴族が保有する武力も重要だが、貴族に関する改革では彼らをあてにするわけにもいかない。そのため、立法という武力を用いない巧妙な方法を選んだのだ。

■貿易と毛織物工業を振興

ヘンリー7世が即位した当時、王室財政はかなりひっ迫した状態で、立て直しは急務だった。そこでまずヨーク派の所領だった土地の大半を没収し、王領に組み込むことで増収をはかった。

さらに、歴代の王にとっても重要な財源だった関税に注目。貿易を振興して関税収入を増加させた。エドワード3世の時代にフランドルから技術導入した毛織物産業があったので、海外から職人招いて毛織物産業を盛んにすることで、経常的な増収に努めた。

「平和による繁栄」を目指した対外政策

■婚姻を通じた融和政策

ヘンリー7世の外交政策は、「平和による繁栄」。そのためには、北部の隣国スコットランドをはじめ、大陸の諸国との関係を友好的に保つ必要があった。

ヘンリー7世は、まず娘マーガレットをスコットランド王ジェームズ4世に嫁がせ、関係の修復をはかった。

当時、新たに誕生したスペインに対しては、長子アーサーとキャサリン王女との結婚を目指す。そして、ブルターニュ公国を支援していたことで対立したフランスとも講和し、対外的な平和を保とうとした。

■アーサー
度々生じた婚約解消の危機を乗り越えてキャサリンと結婚したが、半年も経たぬうち病没した。

■マーガレット
夫のジェームズ4世はのちにイングランドとの戦いで戦死。王太子の摂政をつとめた。

■メアリー
ヘンリー8世の妹。イタリア戦争が終息した際、フランス王ルイ12世に嫁いだ。

123

ヘンリー8世
Henry VIII

生没年
1491年6月28日～
1547年1月28日
・・・・・・・・・・・・・・・・・・・・
在位
1509年4月22日～
1547年1月28日

兄の急死によって王位を継承する

■追い求めた男子の王位後継者

　ヘンリー8世は、父ヘンリー7世とキャサリン王妃の次男として1491年6月28日に誕生した。すでに兄アーサーがおり、王位につく予定ではなかったため、幼少期についてはよくわかっていない。

　しかし、ラテン語とフランス語に通じ、詩や音楽も嗜んでいた一方、宮廷内の若い廷臣たちと、狩猟をはじめとするスポーツを楽しんでいたという。病弱だった兄とは異なり、ヘンリーは心身ともに健康そのものだったようだ。

　1502年4月、体調を崩していたアーサーが15歳で急死。ヘンリーは、7年後にヘンリー8世として即位し、父の意向に従い兄の元妃キャサリンを王妃に迎えた。

　ヘンリーは後継者となる強い男児を欲していたが、キャサリンは男児に恵まれなかった。やがて、王は王妃の侍女アン・ブーリンを寵愛し始め、アンを王妃に迎えるために、キャサリンとの離婚を認めないカトリック教会を離脱。新たに国教会を設立したことで、イングランドでは宗教改革が進

む。ただ、ヘンリー8世はルターの改革を批判する論文を著し、教皇から「信仰の擁護者」という称号を授けられたほど熱心なカトリック教徒であった。そのため、設立当時の国教会の教義はカトリックのものとほぼ変わらなかった。

　ヘンリー8世が男児の誕生を望む気持ちは、自身の信仰心を上回るほど強かったのである。しかし、そのために6人もの王妃を迎えたことが、没後の混乱につながることになってしまう。

■ヘンリー8世

ヘンリー7世の次男。自身の結婚問題で国教会を設立したことが宗教改革につながった。

贅沢な暮らしを好んだルネサンス期の王

■多趣味だったヘンリー8世

　ヘンリー8世の在位中は、14世紀からイタリアで始まったルネサンスの影響がイングランドにも及び始めた時期だった。この影響もあったのか、ヘンリー8世は自ら詩編を書いたり、楽器を演奏したりすることもあった。こうしたヘンリー8世の姿を描いた絵画も残されており、当時の王の多趣味ぶりがうかがえる。

　ヘンリー8世の興味は文芸にとどまらず、すでに述べたように狩猟をはじめ、馬上試合などのスポーツに興じ、舞踏会を開くことも多かった。さらに贅沢な生活を好んだため、出費はかなり多かったという。

　ヘンリー7世の治世で王室財政は改善されていたが、ヘンリー8世は海外出兵にも積極的で、自身の収入だけでは賄えなかった。このため資金の捻出を議会に要請することもあり、国家財政を圧迫した。

■ヘンリー8世が作曲した楽譜

ヘンリー8世は自ら作曲も行っており、当時の楽譜が現在も残されている。

派兵や防衛のため艦隊や城塞を整備

■海外派兵にも積極的だった。

　当時、ヨーロッパではスペインとフランスがイタリアでの覇権をめぐって争い、また神聖ローマ帝国を中心に影響力を拡大するハプスブルク家とフランスのヴァロア家の対立があった。

　ヘンリー8世は、こうした情勢に乗じて領土の拡大を画策。フランスに対し、度々派兵を行った。このため、海上の防衛と兵の輸送をかねて艦隊を整備。同時にイングランドを防衛するため、大陸に近い南岸部に城塞を建設した。

■カレーに出発する
　ヘンリー8世の艦隊

当時、イングランドが大陸に所有していたのはカレーのみ。大陸への足掛かりとして、非常に重要な場所だった。

125

ヘンリー8世の結婚問題と国教会の設立

■国教会を設立

ヘンリー8世が強く男児を欲したのは、新しい王朝のもとでのイングランドの舵取りは女性の王では手に余ると考えたためだ。しかし、王妃に迎えたキャサリンは男児に恵まれず、失望したヘンリー8世は王妃の侍女アン・ブーリンを寵愛。アンが正式な王妃の座を望んだこともあり、キャサリンとの離婚を考えるようになる。

当時、結婚には教会の承認が必要で、公式には離婚は認めていない。結婚が無効だったとして離婚する方法はあったが、ローマ教皇は政治事情からヘンリー8世夫妻の離婚を認めなかった。

そこで、ヘンリー8世は国内の聖職者に対し、王こそが彼らの保護者であり首長であると認めさせた。そして、キャサリンとの結婚を無効にしてアンと結婚。その後、ヘンリーはローマ教皇に破門された。国王が教会唯一の首長と定めた国王至上法を制定し、カトリック教会から国家ごと離脱したのだ。

しかし、ヘンリー8世がここまでしたにも関わらず、アンが産んだのは王女エリザベス。その後、死産が続いたアンは寵愛を失って処刑され、ヘンリー8世はさらに4人の妻と結婚を繰り返す。しかし、王が望んだ男児は、3番目の王妃が産んだエドワードだけだった。

ヘンリー8世が迎えた6人の妻

①キャサリン・オブ・アラゴン

結婚当初はヘンリー8世との仲も良好で、国民からの人気も高かった。離婚したあとも、亡くなるまで王との離婚を認めなかったという。

②アン・ブーリン

王がキャサリンと離婚する前に懐妊。王が離婚を急いだのは、結婚前に生まれた子は庶子となり、王位継承権を得られないためだった。

③ジェーン・シーモア

王太子エドワードの母で、最初の王妃キャサリンと次の王妃アンの侍女。エドワードを産んだあと、体力が回復せず、12日後に死去した。

④アン・オブ・グレーヴス

神聖ローマ帝国に所属するクレーフェ公の娘。事前にヘンリー8世が目にした肖像画と本人とがかけ離れていたため、離縁された。

⑤キャサリン・ハワード

4番目の王妃アンの侍女で、処刑されたアン・ブーリンの従妹。以前の恋人などとの関係を疑われ、姦通罪で処刑された。

⑥キャサリン・パー

ヘンリー8世の最後の王妃。王の看病に熱心で信頼を得て、庶子に落とされていたメアリーやエリザベスの王位継承権復活に貢献した。

王に尽くしたふたりのトマス

■外交で手腕を発揮したウルジー

即位したころのヘンリー8世は、まだ10代後半ということもあり、あまり政治に関わろうとはしなかった。そんな王に代わって政務を取り仕切っていたのが、王室づきの司祭だったトマス・ウルジーだ。

ウルジーは、ヘンリー7世の治世で王室づきの司祭となり、外交使節に任命されたことから政治に関わるようになった。

特に外交面で手腕を発揮し、フランスや神聖ローマ帝国といった大国を相手に、弱小国のイングランドが対等な立場で外交を行えるよう力を尽くした。

ヘンリー8世とキャサリン王妃の離婚問題が浮上すると、ウルジーはローマ教皇との交渉を担当した。しかし、いつになっても教皇から王が望む回答を得られず失脚。逮捕されたのち病没した。

■トマス・ウルジー

王の信頼を背景に、専制的な政治を行った。宗教的な権力も握っていたため、宮廷の内外に政敵が多かったという。

■トマス・クロムウェル

ウルジーと同じく、王の信頼を武器に腕を振るった。王の意向の反映ではあったが、国教会の設立に大きく貢献した。

■宗教改革を進めたクロムウェル

ウルジーが失脚したあと、王の腹心となったのはトマス・クロムウェルだった。クロムウェルはネーデルランドで商業に従事した経験があり、ラテン語やイタリア語などにも長けていた。ローマ教皇庁で働いていたこともあった人物だ。

当初、クロムウェルはウルジーに仕えていた。彼が失脚する際には擁護したが、ヘンリー8世が示したキャサリン王妃との離婚の意思を支持したことで、逆に王からの信頼は増していった。

その後、クロムウェルはヘンリー8世の意向に従って宗教改革を進め、国教会の設立に関する立法に貢献した。しかし、のちに王が4番目の王妃を迎える際に失敗を犯し、そこを政敵につけこまれて、逮捕・処刑されることになった。

エドワード6世
Edward VI

生没年
1537年10月12日～
1553年7月6日

在位
1547年1月28日～
1553年7月6日

プロテスタントに傾倒した若き王

■明晰な頭脳の持ち主だった少年王

1537年10月12日、ヘンリー8世の3番目の王妃ジェーン・シーモアに、待望の男児が誕生した。のちのエドワード6世だ。

エドワードは病弱ではあったが、周囲から神童と呼ばれるほど明晰な頭脳な持ち主だった。13歳のときには、古代ギリシャの哲学者アリストテレスが記した著作をラテン語で読んでいたという。

エドワードの母ジェーン王妃は、エドワードを産んだ12日後に亡くなった。1547年にはヘンリー8世も亡くなり、わずか9歳で王位を継ぐこととなった。しかし、エドワードはこの3年ほど前からヘンリー8世が最後に迎えた王妃キャサリン・パーのもとで養育されており、改革派の人物から教育を受けていた。

キャサリン王妃自身も含め、摂政をつとめた叔父や当時の大主教もプロテスタント。こうした人々に囲まれて育ったエドワード6世も、プロテスタントに傾倒していった。エドワード6世の治世で進められた宗教改革で、国教会のプロテスタント色が強くなったのは当然だったといえる。

また、エドワード6世は晩年に後継者を指名する際、姉のメアリーではなく継承順位が低いジェーン・グレイを指名し、混乱を呼ぶことになった。ジェーンの指名は権力を握っていたノーサンバランド公の策ではあったが、メアリーが強固なカトリックだったことも要因だと考えられている。姉が次の王になれば国内がどうなるか、エドワード6世にはわかっていたのだろう。

■エドワード6世

ヘンリー8世とジェーン・シーモア王妃の息子。主に宗教改革に携わったが、病弱な体質で15歳のときに病没した。

王の意向を反映して進められた宗教改革

■プロテスタント化を推進

　イングランドの宗教改革は、エドワード6世の親政前からカンタベリー大主教トマス・クランマーを中心に進められ、カトリック的な儀式の撤廃や教会での英訳聖書の設置、新たな祈祷書の作成などが行われた。1550年代、改革はエドワード6世の意向をより反映したものとなる。偶像破壊令の発布や祈祷書の改訂、この祈祷書を正式と定めた「第二礼拝統一法」が制定され、さらにこれらの改革内容をまとめた「42ヶ条の教義」が作成されている。

■トマス・クランマー

ジェントリの出身。ケンブリッジ大学でルター派の思想に触れたのち、1530年代にカンタベリー大主教となる。穏健的に改革を推進した。

---

column ## イングランド国内の宗教事情

　クランマーは、宗教改革を穏やかに進めようと考えていた。しかし、摂政のサマセット公や枢密院の主要メンバーは、急進派のプロテスタント。このため改革が加速し、1549年に反乱が起きてしまう。

　ところで、当時の民衆の信仰はどうだったのだろうか。イングランドはヘンリー8世の治世にカトリックから離脱したことから、大陸から亡命してきたプロテスタントの避難所的な存在になっていた。

　プロテスタントを信仰する人々は、ロンドンの周辺や大陸に近い南部に多く、逆にカトリックを支持する人々は北部や西部に多かった。とはいえ、反乱を起こした人々の多くは伝統への愛着から急進的な改革の推進に不安があっただけで、改革を理解していたのかは疑問も残る。

■宗教的反乱が起きた地域

スコットランド王国

恩寵の巡礼反乱
1536年

イングランド王国

ケットの反乱
1549年

西部の反乱
1549年

ジェーン・グレイ
Lady Jane Grey

生没年
1537年？月？日～
1554年2月12日

在位
1553年7月10日～
1553年7月19日

有力者に担がれて王位につく

■わずか9日間で王位を追われる

　ジェーン・グレイは、父ヘンリー・グレイと母フランセス・ブランドンの子として誕生した。母フランセスの祖母がヘンリー7世の娘メアリー王女なので、ジェーンはヘンリー7世の曾孫にあたる。

　ジェーンが王位継承者として注目されるようになったのは、ヘンリー8世の跡を継いで王となったエドワード6世が、体調を崩してからのことだった。

　当時、権力を握っていたノーサンバランド公ジョン・ダドリーは、ジェーンの存在に着目。自身の息子ギルフォードをジェーンと結婚させると、メアリー王女とエリザベス王女の王位継承権を否定してジェーンを王位継承者に指名するよう、エドワード6世を説得したのだった。

　これによりジェーンは自分ではまったく望んでいなかった王位を継承することになり、1553年7月10日に即位宣言をした。

　ところが、ロンドンを脱出していたメアリー王女が13日にノーフォークで即位を宣言すると、王女のもとに続々と支持者が集まり、19日には枢密院もメアリーを支持すると表明。ロンドンでもメアリーの即位が宣言され、ノーサンバランド公の計画は失敗した。

　ジェーンは在位期間がわずか9日と非常に短く、即位にいたる王位継承のいきさつなどもあって、正統な王ではないとして歴代の王に数えない学者もいる。しかし、イギリス王室は、ジェーンを正統な王として認めているという。

■ジェーン・グレイ

幼少時からヨーロッパ主要国の言語を使いこなしたほか、ラテン語も習得。さらに宗教哲学にも通じるという才女だった。

ジェーンの王位継承権とその後

■ジェーンに王位継承権はあったのか?

　イングランドは女系の継承権を認めていたので、ジェーンにも王位継承権はある。ただ、優先順位がメアリーやエリザベスよりも低く、ふたりの継承権を剥奪する必要があった。しかし、これは王位継承法に異を唱えることになるため、民衆から支持されなかったのだろう。

■レディ・ジェーン・グレイの処刑

ジェーンは幽閉され、のちに父が反乱に加担したことで処刑された。

■ジェーンと王家との関わり

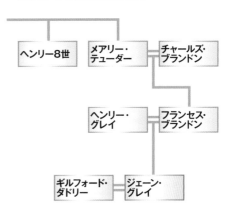

ジェーンは王位継承権がないどころか、むしろかなり王家に近い親族といえた。

---

column　ジェーンが擁立された背景

　ジェーンが擁立されることになった理由は、メアリー王女の信仰だった。当時はプロテスタントであるエドワード6世の治世下で、宗教改革が進んだ時期。国教会の教義もプロテスタントとカトリックが半々といった中庸的なものになったばかりだ。
　しかし、強固なカトリック信仰をもつメアリーが王になれば、カトリックへの復古は確実。改革を推進したプロテスタントのダドリーは、粛清される可能性が高い。
　そういったなかで、カトリックへの復古と弾圧を予想し、国外へ脱出したプロテスタントの貴族は多かった。彼がそうしなかったのは、単純に権力を手放したくなかったからなのかもしれない。

■ノーサンバランド公ジョン・ダドリー

主に軍役で出世した人物。サマセット公に代わって権力を振るった。

メアリー1世

Mary I

カトリック復古を目指した女王

■不遇な子ども時代を経験した女王

メアリー1世は、1516年2月18日に父ヘンリー8世と母キャサリン王妃の子として誕生した。ヘンリー8世夫妻が結婚してから6年半、メアリーはようやく無事に生まれた子どもだった。男児を望んでいたヘンリー8世だが、一時はメアリーの王位継承も考えていたようだ。

しかし、ヘンリー8世は1533年にキャサリン王妃と離婚し、王妃の侍女アン・ブーリンと結婚。メアリーは庶子に落とされ、アンが産んだエリザベスの侍女にされた。

また、メアリーは父と母の離婚を頑として認めず、ヘンリー8世もアンが王妃のあいだは一度もメアリーにあわなかったという。メアリーの王位継承権が復活するのは、ヘンリー8世がジェーン・シーモアと結婚してからになる。

やがて父ヘンリー8世が亡くなり、異母弟のエドワードが即位。プロテスタントに傾倒した弟の治世で、国教会はより急進的な教義に変わっていった。このころ、メアリーは頑なにカトリックであり続け、エド

ワード6世から咎められている。しかし、病弱なエドワード6世は早世。王座がメアリーに回ってきた。

ノーサンバランド公の陰謀を阻止したメアリーは、父や弟が進めた宗教改革を覆し、プロテスタントを弾圧。のちに民衆からの反対を押し切ってスペインの王太子フェリペと結婚。スペインとフランスの戦争に巻き込まれて、大陸に唯一保持していたカレーを失う原因を作ってしまった。

■メアリー1世

多感な時期に家庭崩壊を目の当たりにしたメアリーは、宗教改革で変わる国の姿が崩壊と映ったのかもしれない。

宗教改革を覆すもカトリック教会復帰はならず

■弾圧者「ブラッディ・メアリー」

　王位についたメアリー1世は、プロテスタントを迫害。異端者を捕えて改宗を迫り、拒否した者たちを次々と処刑していった。犠牲者は300人ほどにものぼり、メアリー女王は、後世「ブラッディ・メアリー」と呼ばれるようになった。

■クランマーの処刑

宗教改革を進めたトマス・クランマーも処刑されてしまった。

■あてが外れたフェリペとの結婚

　メアリーがフェリペとの結婚を進めた背景には、母の出身国スペインへの愛着があった。メアリーは、フェリペに魅せられたようだが、フェリペはメアリーに対して冷淡であった。

　スペインがイタリアをめぐって教皇と対立すると、イングランドは教皇と結んだフランスとの戦いに巻き込まれ、大陸唯一の領土だったカレーを失う。

---

column　見直されつつあるメアリー1世の評価

　メアリー1世は、宗教改革が進んだイングランドを自身の意向でカトリックに引き戻そうとし、人々を迫害した反動的な人物とされることが多い。これは、従来の歴史観がプロテスタントの視点からのものであり、そのために当時弾圧されたプロテスタント、特に清教徒寄りであるためだ。

　しかし、近年ではこうした偏った視点からの歴史観を批判し、メアリー1世の評価を見直す動きもある。

　一番の問題となる宗教については、当時はプロテスタントの教義に対する人々の理解がそれほど深くなかったことや、実際にイングランドでプロテスタント化が本格的に進んだのが次のエリザベス1世の時代であることなどから、カトリックへの復古は可能だったという見方だ。

　イングランド全体で見ると、人々の宗教に対する反応は、各地域や教区によってまちまちだった。さらに社会の上層や中層に位置する貴族やジェントリたちの関心は、カトリックやプロテスタントが云々というより、主に宗教改革によって得られた土地を保持できるかどうかという点に向けられていた。少々乱暴な見方をすれば、王に逆らえば面倒なことになるので、どのみち従うほかはなく、よって土地さえ無事ならあとは我慢できる、ということだ。そして、社会の下層に位置する多くの民衆もまた、こうした統治者層の動きに従う意志が強かった。

　ただ、メアリー1世の統治はわずか数年。人々がカトリックへの復古を受け入れるには、統治期間が短すぎたのだ。

フィリップ1世
Philippe I

メアリー1世を迎えたスペインの王

■大帝国の継承者

フィリップ1世は、1527年に神聖ローマ帝国皇帝カール5世の子として産まれた。フィリップ1世の名はのちにメアリー1世と結婚したときのもので、スペイン名はフェリペという。

父カール5世は、婚姻を通じてヨーロッパに広大な版図を築いていたハプスブルク家の重鎮だった。1556年に持病の痛風など諸事情で退位し、このときスペインをはじめとする領土のほとんどをフェリペが継承。フェリペ2世として即位する。当時、スペインは中南米やフィリピンにも領土があり、「太陽の沈まぬ国」と呼ばれるほどの最盛期を迎えていた。

最初の妻を亡くしていたフェリペは、まだ王太子だった1554年に、メアリー1世と結婚した。その際、スペインはカール5世の統治下にあり、フェリペとメアリー1世の婚姻はイタリアをめぐって対立していたフランスに対抗する意味があったのだ。

しかし、メアリー1世はフェリペより11歳も年上で、しかもフェリペはこの結婚には乗り気ではなかった。挙式後、フェリペは13ヵ月ほど滞在しただけで、スペイン領ネーデルラントに移ってしまう。

その後、フェリペはスペインに戻り、父から領土とスペイン王位を受け継いで、スペイン王フェリペ2世として即位する。次にフェリペがイングランドを訪れたのは約1年半後。しかも戦争への参加要請のためで、この戦争に加わった結果、イングランドは大陸のカレーを失ったのだった。

■フィリップ1世

神聖ローマ帝国カール5世の息子。スペイン王フェリペ2世でもある。メアリー1世が亡くなったあと、カトリックの盟主という立場からイングランドと対立した。

134

5年で終わったイングランドの統治

■2年もなかった滞在期間

メアリー1世との結婚は、利害が一致したというだけの政略結婚だった。

スペインに吸収されることを怖れたイギリスは、夫の政治権限を結婚中に限定。先妻とのあいだの子どもはイングランドの王位継承権をもたず、子どもが誕生した場合はイングランドとスペイン領ネーデルラントを与えるという取り決めをした。

結局、フィリップ1世のイングランド滞在期間は2年に満たず、4年目にメアリー1世が亡くなると両国の関係は解消された。

■フィリップ1世とメアリー1世

フィリップ1世と結婚したメアリーは妊娠の兆候を見せたこともあった。しかし、想像妊娠に過ぎず、ついに子は誕生しなかった。

"カトリックの盟主"としてイングランドに敵対

■エリザベス1世を王と認めず

メアリー1世のあと、イングランド王位はプロテスタントのエリザベス1世が継承した。ところが、女王の政策はスペインの利益に反するものが目立ち、座視できない状態となる。もともとフェリペ2世はカトリックの盟主という立場からプロテスタントのエリザベス1世を正統な王と認めておらず、政策上の対立もあった。そこへイングランドに亡命していたカトリックのスコットランド女王メアリーが、陰謀に関わった罪で処刑されてしまった。

カトリックの国王誕生の可能性がなく

なった事態を受け、フェリペ2世はイングランドへの遠征を決意。アルマダ艦隊を派遣した結果、イングランド艦隊とのあいだで海戦となった。

■イングランド侵攻を決意した理由

- ・エリザベス1世はプロテスタントであり、カトリック教会から破門されている。
- ・スペイン領ネーデルラントで独立運動をしているプロテスタントを支援している。
- ・スペインの船を襲っている海賊船を取り締まらず、襲撃を黙認している。
- ・カトリックであるスコットランド女王メアリーを処刑した。

エリザベス1世

Elizabeth I

生没年
1533年9月7日〜
1603年3月24日

在位
1558年11月17日〜
1603年3月24日

生涯独身を貫いた「処女王」

■波乱に満ちていた若年期

エリザベス1世は、1533年9月7日にヘンリー8世と2番目の王妃アン・ブーリンの子として産まれた。そのわずか3年後、母アンは罪を着せられて処刑。エリザベスは母を失っている。

6人もの王妃を迎えたヘンリー8世の家庭は複雑で、17歳年上の異母姉メアリー王女、のちに誕生した異母弟エドワード王子ともども、3人の子どもたちは実の母を失っているという状態だった。しかし、1543年にヘンリー8世がキャサリン・パーを王妃に迎えたことで、ようやく環境が改善。子どもたちに愛情を注いだキャサリン王妃の庇護のもと、エリザベスは帝王教育が始まった弟のエドワードとともに学んでいたという。エドワードと同じくエリザベスもプロテスタントだった。これは、キャサリン王妃の影響が大きかったのだろう。

その後、1547年に父ヘンリー8世が死去。王位を継いだ弟エドワード6世も早世し、メアリーの治世を迎える。姉の治世は宗教問題やスペイン王太子との結婚問題で国内

が騒然となった時期で、エリザベスはワイアットの乱への関与を疑われて幽閉されたこともあった。

しかし、エリザベスは冷静に対処。メアリー1世が亡くなる1558年まで目立つような行動を控え、異母姉が亡くなったあとに即位した。

母や姉たちの混乱を目にして育ったためか、エリザベスは生涯伴侶をもつことはなく、終生独身を貫いた「処女王」となった。

■エリザベス1世

一般的に華やかで「栄光」のイメージが強い女王だが、意外と短気で優柔不断な面があったという。

不安定な立場を乗り越えての即位

■一時は剥奪された王位継承権

　エリザベス1世は、即位する前に二度ほど王位継承権を失った。最初は母アンが処刑されて庶子に落とされたとき。父がキャサリン・パーを迎えたあと、王妃の仲介もあって父と和解。翌年の「王位継承法」が制定されるまで、王位継承権をもたない庶子のままだった。

　二度目は弟エドワード6世が次の王にジェーン・グレイを指名したとき。王位継承権を否定されたが、陰謀が失敗したために事なきを得ている。

■メアリー1世との確執

　母のアンが処刑される数ヵ月前、異母姉メアリーの母キャサリン・オブ・アラゴンが亡くなった。キャサリン王妃が離婚することになったのは、男児を産めなかったために王の愛情が薄れたことが大きい。

　しかし、メアリーにとってアン王妃は自分から父を奪い、母を不孝にした憎い女。アン王妃が処刑された直後こそ、同情心があったようだが、アン王妃の娘であるエリザベスに対しても、基本的にあまり良い感情はもっていなかったようだ。

中庸路線で宗教問題の解決をはかる

■中庸路線で問題を解決

　カトリック復古を目指したメアリーの治世では、多くの人々が犠牲になった。

　カトリックにしろプロテスタントにしろ、双方に過激な人々は存在する。そこで、エリザベスはエドワード6世の治世に定められた教義をもとに、ややカトリック寄りの中道路線をとることで双方を納得させようと考えた。このため、エリザベスはまず国王至上法の改訂に着手。教会のトップである国王を、教会の首長ではなく、より反発が少ないであろう最高統治者の称号に定め、国王に忠誠を誓わない者は役人の資格

を剥奪するとした。また、カトリック、プロテスタントを問わず宗教的な強硬意見をもつ者を排除していくことで、中庸路線の維持を図っている。

■国教会の聖書
国教会は、各教区すべての教会に英訳聖書を設置することを義務づけていた。

防衛的な外交を展開し国外のプロテスタントを支援

■危い立場にいたイングランド

　当時、ヨーロッパでは各地で宗教戦争が起きている。宗教的に独自の道を進むイングランドとしては、カトリックを堅持するスペインとフランスへの対応が重要だが、同時に少しでも味方を増やす必要がある。

　その意味で、スペイン領ネーデルラントで独立運動を展開するプロテスタントの支援は、理にかなったものと思われた。しかし、争いを避けながらも味方を増やそうという方針は両立が難しく、結果的にスペインとは戦争をすることになってしまった。

■イギリス周辺の宗教事情

プロテスタント
スコットランド
スペイン領
ネーデルラント
イングランド王国
アイルランド
カトリック
フランス

亡命者メアリー王女と陰謀事件

■最後まで迷った女王の処遇

　海外情勢とあわせてエリザベス1世を悩ませたのが、宗教改革が進むスコットランドから亡命してきたメアリー女王の存在だ。

　カトリックであるメアリー女王の存在は、国内のカトリック勢力と結びつく危険があり、実際に何件かの陰謀が未然に阻止されていた。しかし、カトリックの王に手を出したとなれば、フランスやスペインが行動を起こす可能性がある。エリザベス1世は、メアリー王女の処遇に悩み続けたが、最終的にエリザベス1世の暗殺を企てた陰謀への関与が発覚。議会からの強い要請もあり、エリザベス1世は渋々ながらも死刑執行の書類にサインをしたのだった。

■メアリー・ステュアート

スコットランド王ジェームズ5世の娘。ヘンリー7世の娘マーガレット・テューダーの孫にあたる。

スペインの侵攻を撃退したアルマダ海戦

■スペインの上陸作戦を阻止

　スコットランド女王メアリーが処刑されたことを受け、スペインのフェリペ2世はイングランドとのかねてからの諸問題を解決するため、艦隊の派遣に踏み切った。

　しかし、英仏海峡に向かったスペイン艦隊は、上陸部隊の集結を待つためにカレー沖に停泊したところ、深夜にイングランド艦隊からの攻撃を受ける。火船による攻撃を避けるために緊急出港したスペイン艦隊は、続くグラブリンヌの海戦でも損害を受けた。その後、スペイン艦隊はブリテン島を東から北に回ってスペインへ戻ろうとするが、途中で遭遇した嵐と飢えによって艦隊の大半を失ったのだった。

■アルマダの海戦

大型のガレオン船が主力だったスペイン艦隊に対し、イングランドは船足が速い小型船を主力とし、火船を使って撃退した。

---

column　独身を貫き、後継者指名を渋った理由

　生涯独身を貫いたエリザベス1世だが、恋のうわさが立った寵臣も数人おり、実は真剣に結婚を考えたこともあったという。

　エリザベス1世が寵愛した人物としては、初代レスター伯ロバート・ダドリーや探検家のウォルター・ローリー、エセックス伯ロバート・デヴァルーなどが有名だ。なかでもロバートの寵愛ぶりは抜きんでており、周囲の誰もが「ふたりは結婚する」と思っていたという。

　こうした相手がいながら最期まで独身だったのは、やはり幼いころに父母たちの修羅場を目にしてきたからだろう。

　国内の誰かと結婚すれば必ず権力闘争が発生する。かといって、海外の誰かと結婚すれば、対外戦争に巻き込まれる可能性が高い。エリザベス1世はこうした不安を払拭することができず、イングランドを危険にさらさないため、結婚しなかったのだろうと考えられる。晩年の「私はイングランドと結婚した」という彼女の言葉は、あながち誇張ではなかったのだ。

■ロバート・ダドリー

ジェーン・グレイの擁立事件を起こしたジョン・ダドリーの5男。エリザベス1世とは幼馴染だった。

ステュアート朝

1603年〜1714年

1603年にスコットランドと同君連合体制を開始したステュアート朝。チャールズ1世がピューリタン革命で処刑されるなど波乱の時代となる。

国王の存在意義が問われた時代

■ふたつの国を治める王の誕生

エリザベス1世には嗣子がいなかったため、王位は伯母マーガレット・テューダーのひ孫であるスコットランド王ジェームズ6世に継承された。そして、イングランド王ジェームズ1世として即位するとステュアート朝を開いた。ステュアートとは、スコットランドの宮宰職 (steward) の家系の出身であることに由来している。のちにメアリー女王が「Stewart」をフランス語風に改称して「Stuart」となった。

ジェームズ1世がイングランドとスコットランドの両国共通の王となったことで、独自の政府と議会をもつ同君連合体制が始まった。

■市民革命の勃発

ジェームズ1世とその息子であるチャールズ1世は王権神授説を強く主張し、次第に国民から反発を招くようになった。1642年にピューリタン革命が勃発し、議会派が王党派軍に勝利。チャールズ1世は公開処刑された。その後、議会派を率いていたオリバー・クロムウェルが最高統治権を握る

も、そのカリスマ性に依存した独裁政治は彼の死後破綻し、王政復古が行われた。亡命していたチャールズ2世が国王となり、後期ステュアート朝が幕を開けた。

■名誉革命による流血無き追放劇

チャールズ2世の死後、王位についたジェームズ2世は宗教問題や度重なる失策で議会に追放されてしまう。このとき、議会と人民の権利について書かれた「権利宣言」を受諾し王位についたのはメアリー2世とその夫ウィリアム3世である。多少の内紛はあったものの、流血を見ることなく王位の交代が行われた。これが「名誉革命」である。のちに「権利の章典」が議会を通過すると、国民の権利と自由が保障されるようになった。

同時期にカトリックを除く宗教の自由が保障され、自由な礼拝が認められるようになった。経済面ではイングランド銀行が創設されたことにより経済・財政が発展した。ステュアート朝の後期に形成された政治形態が今日のイギリス社会に大きな影響を及ぼしたのである。

■王子時代の
　チャールズ1世と両親

チャールズ1世は裁判で処刑が
宣告された3日後に、ロンドン
のバンケディング・ハウス前で
公開処刑が行われ、国民の前で
首を切り落とされた。

イギリスは同君連合王国へ

　1707年にグレートブリテン王国として統
合されるまで、同一の君主がイングランドと
スコットランドの王をかねる体制が続いた。

ヘンリー8世以降の王はさらにアイルランド
王もかねた。「王冠連合」と訳されることも
ある。

ステュアート王家系図

ジェームズ1世
1567〜1625

イギリスとスコットランド、ふたつの国の王。王権神授説を信奉した。

アン・オブ・デンマーク
1574ごろ〜1619

浪費癖があり、財政を逼迫させた。一方、芸術の保護者という評価もある。

ヘンリー
1594〜1612

ジェームズ1世の長男。人望があり将来を期待されていたが18歳で病没。

エリザベス
1596〜1662

美しく陽気で人々に慕われた。「ブリテンの真珠」「慈愛の王妃」と呼ばれた。

フリードリヒ5世
1596〜1632

プファルツ選帝侯、ボヘミア王。白山の戦いで敗れて王位を失った。

ゾフィー
1630〜1714

アン女王の没後、プロテスタントだったことが大きく影響し、王位継承権者になった。

エルネスト・アウグストゥス
1629〜1698

ハノーヴァー選帝侯。ゾフィーとのあいだに7男1女をもうけた。

ハーノヴァー家

ジョージ1世
1660〜1727

ハノーヴァー朝の初代君主。英語を話せずイギリスに馴染めなかった。

チャールズ2世
1660〜1685

フランスに亡命していたが、共和政府の終了により帰還。王政復古により即位した。

チャールズ1世
1600〜1649
ピューリタン革命を引き起こし、敗北。イギリス史上唯一公開処刑された王。

ヘンリエッタ・マリア
1609〜1669
15歳でチャールズと結婚。国教会での戴冠を拒否し、戴冠式を行わなかった。

ジェームズ2世
1633〜1701
イギリス史上最後のカトリック王となった。名誉革命により退位に追い込まれた。

アン・ハイド
1637〜1671
ジェームズの最初の妻。王政復古後に結婚するもジェームズの即位前に病没した。

メアリー・オブ・モデナ
1658〜1718
ジェームズの2番目の妻。名誉革命時にフランスへ亡命。

アン
1665〜1714
ステュアート朝最後の女王。18人の子どもは全員夭折。後継ぎが残らなかった。

メアリー2世
1662〜1694
大同盟戦争などで夫が留守にしているあいだ、顧問団とともにイギリスを統治。

ウィレム2世
1626〜1650
共和国時代にステュアート朝の王位回復のために尽力するが24歳で病没。

メアリー
1631〜1660
イギリス王室最初のプリンセス・ロイヤルの称号を授けられた。

ウィリアム3世
1650〜1702
イギリスに無血上陸。妻メアリー2世と共同統治を行った。

ジェームズ1世

James I

生没年
1566年6月19日〜
1625年3月27日

在位
1603年7月24日〜
1625年3月27日

最も賢く愚かな王の治世

■両親を知らずに1歳で王に

ジェームズは、スコットランド女王メアリー・ステュアートと、彼女の2番目の夫ダーンリー卿ヘンリー・ステュアートのひとり息子として誕生した。生後8ヵ月のときに父が不審な死を遂げ、関与を疑われた母メアリーはその4ヵ月後には廃位に追い込まれてイングランドへ亡命。エリザベス1世の手で処刑台へと送られた。生まれてすぐに両親と引き離されたジェームズはわずか1歳でスコットランド王ジェームズ6世として即位した。

その後、1589年にアン・オブ・デンマークと結婚。前イングランド女王エリザベス1世に嗣子がいなかったことから、37歳のときにイングランド王ジェームズ1世として即位。ステュアート朝が開かれた。

外国からやってきた新しい王の都入りに大勢の民衆が集まった。しかし、性格的に弱いところがあるほか、同性愛の傾向もあり、容姿・立ち居振る舞いも芳しくはなかった。エリザベスのようなカリスマ性に欠けていることを自覚していたジェームズは、女王の正当な後継者として、その権威をどう引き継ぐかに苦心した。政策では「王権神授説」を唱え、度々議会と衝突していたが、その一方で教養は深く、自ら著作を発表し、「キリスト教国で一番賢い愚か者」と評されたという。そして1625年、シーアボールズ宮殿で病死した。

■ジェームズ1世

スコットランド王として50年以上、イングランド王として20年以上在位した。

浪費家の妻と7人の子ども

■「空っぽの頭」といわれた王妃

アン王妃はお祭り好きの浪費家で、ドレスや宝石をはじめ、宮廷でベン・ジョンソンに書かせた仮面劇を上演するなど、贅沢三昧な暮らしを送っていた。それゆえ、庶民からは「空っぽの頭」と揶揄されていた。芸術の保護者として評価もできるが、先代のエリザベス1世の生活とくらべると、宮廷経費の増大は避けることができず、王室財政を逼迫させた。1619年、アン王妃が病没すると莫大な負債が残され、ジェームズは頭を悩ませることになった。

■生き延びた子どもたち

ジェームズとアンは7人の子を授かったが、幼少期を生き延びたのはわずかに3人だけであった。長男ヘンリーは未来の王として議会からも期待されていたが、18歳で死去。次男のチャールズがチャールズ1世として王位を継承した。長女エリザベスはプファルツ伯フリードリヒ5世と結婚。「慈愛の王妃」と呼ばれて慕われた。フリードリヒ5世とのあいだに13人の子をもうけ、そのなかにはのちにハノーヴァー朝を開くジョージ1世の母ゾフィーがいる。

---

column ｜ 火薬陰謀事件

1605年、イングランド国教会体制のもとで弾圧されていたカトリック教徒のうちの過激派が議会の爆破を企て、火薬陰謀事件（ガンパウダー・プロット）を起こした。実行責任者はガイ・フォークスである。

上院議場の地下に仕掛けた大量の火薬で

ジェームズ1世らを爆殺しようとしたが、実行直前にガイ・フォークスが大量の火薬とともに国会議事堂の地下にいるところを発見、逮捕され事件は未遂に終わる。

それ以来、11月5日は「命を救い給うたことを神に感謝する日」として祝日に制定された。この祝日は2世紀半に渡り続いたが、1859年に廃止。しかし、現在でも11月5日は「ガイ・フォークス・ナイト」として祝祭が行われている。

■火薬陰謀事件

逮捕されたメンバーは厳しい拷問の末、絞首刑に処された。以降、カトリック教徒への弾圧が強まることになった。

チャールズ1世
Charles Ⅰ

生没年
1600年11月19日〜
1649年1月30日

在位
1626年3月27日〜
1649年1月30日

支持を失い処刑台に上った王

■失策に財政難、代償は命

　ジェームズ1世の6男として誕生したチャールズは、ほかに6人の兄弟がいたものの、4人が幼少期に死亡、長兄も18歳で死亡したために、男子として唯一生き残った子どもだった。そのため、チャールズが王位を継いで即位した。妻はカトリックのフランス王女ヘンリエッタ・マリア。彼女とのあいだに9人の子どもをもうけた。

　チャールズは父と同じ王権神授説を主張し、専制政治を行ったが、フランスやスペインとの戦争が原因で財政難を招くなど失策を重ねた。1628年、「権利の請願」が提出され署名を行ったが、それからすぐに議会を解散し、11年ものあいだ、議会なしで統治を続けた。このようなこともあり宗教面、政治面で国王と議会は度々衝突。対立は次第に深刻化し、ついには王党派と議会派が武力衝突する。これが1641年に始まったピューリタン革命である。

　チャールズは失政を非難する議会派を武力で抑えようと、1642年10月23日に王軍を組織。議会派に宣戦布告する。しかし、オリバー・クロムウェル率いる鉄騎兵に敗北し、結果、議会軍が勝利した。頑なに絶対王政を信じるチャールズと議会の和解は成立せず、チャールズは裁判で有罪を宣告された。最期はロンドンのホワイトホールのバンケティング・ハウス前に建てられた巨大な処刑台の上で斬首された。

　チャールズの死後、議会によって王の称号と役職が廃止され、共和制が樹立されたのだった。

■チャールズ1世

国王に必要な才能や柔軟性に欠けていたと評される。

オリバー・クロムウェルの勝利がもたらしたもの

■イングランド初の国王裁判

　議会派を勝利に導いたオリバー・クロムウェルは、チャールズにウェストミンスター・ホールで裁判を受けるように命じる。これまでのイングランドの歴史において、国王の暗殺はあっても、臣下に裁判にかけられ処刑されるという前例はなかった。処刑前のチャールズの言葉は、「私は朽ちやすい王冠の国から、擾乱なく朽ちることのない王冠の国に行く」というもので、死を前にしてもなお王位の正当性を信じていることは明らかだった。

■ヘンリエッタ・マリア

敬虔なカトリック信者であった彼女は、国教会のしきたりで行われる戴冠式を拒否した。

> **column　ピューリタン革命の勃発**
>
> 　ピューリタン革命（清教徒革命）は1641年から1649年にかけてイングランド、スコットランド、アイルランドで起きた内戦・革命のことである。当初王党派が優勢であったが、オリバー・クロムウェルの組織した鉄騎兵によって劣勢に追い込まれるも、「新型軍」を編成し、強化に成功した議会軍が優勢に立った。
>
> 　議会軍はネイズビーの戦いで革命に勝利を決定づけるが、今度は議会派の内部で対立が起こる。その間にチャールズは隙を見て脱走。王党軍はスコットランド軍と連合し、ふたたび内乱を起こすも議会軍に敗北。捕らえられたチャールズは裁判にかけられ処刑が決定した。数々の戦闘で頭角を示したオリバー・クロムウェルがその後の実権を握り、イングランドの護国卿の地位に就任。軍事独裁の体制を築いた。
>
>
>
> ### ■チャールズ1世の処刑
>
> 王の処刑を描いた絵は多数存在する。処刑を悲しむ人々も多く描かれている。

147

オリバー・クロムウェル
Oliver Cromwell

生没年
1599年4月25日〜
1658年9月3日

在位
—

王が途切れたイギリスに君臨した男

■清教徒革命の指導者

ヘンリー8世のもとで「行政革命」を実施した政治家、トマス・クロムウェルに連なる家柄の出身。クロムウェル家はイングランドの東部に位置し、地主層であるジェントリ階級の生まれであった。ケンブリッジ大学に進学後、1620年にエリザベスと結婚。のちに護国卿の職を引き継ぐ息子リチャードを含む9人の子どもをもうけた。1628年には庶民院議員となるも、翌年の議会の解散後は故郷に戻り、治安判事や牧場経営などを行っていた。

ピューリタン革命では議会派に所属していたが、1642年のエッジヒルの戦いで敗戦。直後、クロムウェルは私財をかけて「鉄騎隊」を結成した。これはのちの「新型軍」の中核となった。その後、1644年のマーストン・ムーアの戦いに勝利して武名をあげたクロムウェルは、新型軍結成の際に副司令官の座についた。また、1645年のネイズビーの戦いでは、チャールズ1世の伝令ミスを見逃さず、国王軍の歩兵連隊を撃破し、議会派を勝利に導いたのだった。

内乱の終結後は独立派の中心となる。国王との妥協を求める長老派と独立派の対立が起こった。クロムウェルは長老派を追放し、独立派議員による議会を主導。1648年にふたたび王党軍を結成したチャールズ1世を裁判にかけて処刑し、1649年にイングランド共和国（コモンウェルス）を成立させた。

■オリバー・クロムウェル

戦術的に目が利き、議員としてより武官として出世した。

護国卿時代の始まり

■終身護国卿として独裁へ

　共和制が樹立されると、クロムウェルは
アイルランドやスコットランドへ侵攻。そ
して1653年には自ら終身護国卿に就任し、
独裁体制を強めた。クロムウェルが行った
対外政策には次のようなものがある。1654
年にオランダと講和（ウェストミンスター
条約）。スウェーデン、デンマーク、ポル
トガルと通商条約の締結。スペインとの戦
争。1655年にはジャマイカを占領。フラ
ンスと和親通商条約を締結し、1657年同
盟条約に発展させる。1658年、フランス
とスペインの戦争では英仏連合がスペイン
に勝利し、ダンケルクを占領した。

　国内では、共和制の行き詰まりから、ク
ロムウェルに対して国王に就任するよう議
会から異例の提案をされるが、軍隊の反対
で実現しなかった。そして1658年、護国
卿のままマラリアで死去した。その後は息
子のリチャードが護国卿の職を引き継いだ
が、ピューリタニズムに基づく軍事独裁政
治に不満を募らせていた国民も多く、共和
制はほどなく崩壊の道をたどることになっ
た。

column　クロムウェルの死後

　王政復古が行われると、クロムウェルは
死後であるにも関わらずチャールズ1世を
処刑した反逆者として糾弾され、裁判が行
われた。埋葬されていたウェストミンス
ター寺院の墓は暴かれ、遺体は絞首刑のあ
とに首を切り落とされた。その首はウェス
トミンスター・ホールで25年ものあいだ
さらし首にされたという。その後、クロム
ウェルの首は何人かの手を渡ったのち、ク
ロムウェルの母校であるケンブリッジ大学
シドニー・サセックスカレッジにひっそり
と葬られた。

　ちなみにウェストミンスター宮殿の正門
前には、クロムウェルの銅像が建てられて
いる。果たして彼が優れた指導者であった
のか、残虐な独裁者であったのか、その評
価は現在もわかれている。

■クロムウェルの処刑

死後もなお数奇な運命をたどることになるクロム
ウェル。

リチャード・クロムウェル
Richard Cromwell

わずか8ヵ月でのスピード辞任

■2代目護国卿の誕生

オリバー・クロムウェルとエリザベス・バウチャーの9人の子どものうちの3男として誕生したリチャード・クロムウェルは、1654年に国会議員となり父の補佐をつとめ、1657年にはオックスフォード大学の総長も兼任した。そして、1658年に病没した父の跡を継いで2代目護国卿に就任。しかし、父が行った軍事独裁政治に反発する声も多く、共和制はすでに崩壊寸前であった。

父の没後、追放されていた長老派が議会に復活。なりを潜めていた王党派と手を組み、リチャードを辞任へと追い込んだ。就任からわずか8ヵ月での出来事だった。軍事経験の乏しさから軍隊を掌握できず、国の財政も破綻していたため、議会を解散して事態の打開を図ったが、共和制崩壊を止めることはできなかったのである。

辞任後は、父の部下であるチャールズ・フリートウッドやジョン・ランバートらがクーデターを起こすなどして議会と対立していたが、議会派のジョージ・マンクが彼らを排除。大陸に亡命していた王党派と連絡を取り、チャールズ1世の息子、チャールズ2世を帰国させる手はずを整えた。

そして1660年に王政復古が決議され、チャールズ2世が国王に即位。ステュアート朝が復活した。これにより、クロムウェル親子2代による共和国時代は11年で幕を閉じた。その後、報復を恐れたリチャードはフランスに亡命した。

■リチャード・クロムウェル

カリスマ性に乏しかったリチャードでは共和制の崩壊を止めることはできなかった。

亡命後はひっそりと余生を過ごした

■政界から離れて天寿をまっとう

　フランスへ亡命後はジョン・クラークという偽名を使ってパリやイタリアで暮らしていたが、1680年ごろにこっそりとイギリスに帰還。以後は政界には関わらず余生を過ごしたという。

　そして1712年に85歳で死去。イングランドの統治期間は8ヵ月という非常に短い期間であったが、2012年にエリザベス2世が国王在位のまま86歳の誕生日を迎えるまで、英国史上最も長生きした統治者として語り継がれた。

■ジョージ・マンク

イングランドの軍人で王政復古の立役者。初代アルベマール公爵。

第
2
章　ステュアート朝

---

column ｜ 護国卿とは

　「護国卿」とは、イングランドにおいて王権に匹敵する最高統治権を与えられた官職のことである。王が年齢や諸事情で執務不能になったときの後見人の称号として用いられていたこともあった。オリバー・クロムウェルや、その息子のリチャードが護国卿を名乗る前にも、護国卿の称号を名乗った人物は、ヨーク公リチャード（ヘンリー6世の精神錯乱時）や、サマセット公エドワード・シーモア（エドワード6世の幼少期）などがいる。

　そしてピューリタン革命後に制定された「統治章典」により、国家元首の地位が「護国卿」と定められた。リチャードの失脚後は護国卿の称号は使用されていない。

■護国卿時代のイギリスの紋章

チャールズ2世
Charles Ⅱ

生没年
1630年5月29日〜
1685年2月6日

在位
1660年5月29日〜
1685年2月6日

国を追われた王子の帰還

■家族と大陸へ亡命

　チャールズ2世は、チャールズ1世とヘンリエッタの次男として誕生。長兄が幼くして亡くなったため、実質的な嫡男であった。兄妹にはのちの国王ジェームズ2世とオラニエ公ウィレム2世妃メアリー・ヘンリエッタ、そしてオルレアン公フィリップ1世妃ヘンリエッタ・アンがいる。

　父の統治時代の内乱の際にはともに戦場に立つも、王軍が敗戦を続け危険が高まると家族で母の祖国フランスに亡命。11年間の亡命の末に帰国を果たす。そして1660年、チャールズ2世として即位した。

　1662年にはポルトガル王ジョアン4世の娘、キャサリン・オブ・ブラガンザと結婚。キャサリンは嫁入りの際に、30万ポンドの持参金に加えて、砂糖や、北アフリカのタンジールとインドのボンベイをイングランドに嫁資として献上し、「紅茶を飲む習慣」の定着に貢献した。彼女は居住していたサマセット・ハウスを訪れる貴族や上流階級の人々に高級品であった紅茶を振る舞っていたため、紅茶への憧れが高まり、紅茶文化がイギリス社会に広まるようになったといわれている。

■二大政党の成立

　議会と和解したチャールズだったが、すぐに専制政治を行い、カトリックや絶対王政を復活させようとした。反発する議会に呼応し、1673年に審査法、1679年に人身保護法が制定された。同時期に国王支持派のトーリ党とこれに対立するホイッグ党の二大政党が誕生した。

■チャールズ2世

チャールズの時代には、ペストの流行やロンドン大火などの大困難もあった。

陽気な王様の派手な女性関係

■快活で享楽的な暮らしぶり

即位後は亡命生活での苦労を忘れるかのように、チャールズは酒と女とギャンブルに興じていた。妻キャサリンとのあいだには子どもができなかったが、愛人たちは認知しただけでも14人の子どもをもうけた。そして、愛人の数は公認されているだけでも13人もいたという。

それぞれの子どもたちに王位継承権は与えられなかったものの、男子は高位の爵位を与えられ、女子は貴族との結婚を手にした。このように愛人や庶子に手厚く振る舞ったため「陽気な王様」というあだ名がつけられた。なお、彼の庶子の末裔には、ダイアナ元妃や、アンドリュー王子の元妻セーラなどがいる。

キャサリンは際限なく登場する夫の愛人に頭を悩ませ続けたが、自身に子どもができなかった引け目もあり、愛人や庶子に寛大であったという。

そして1685年、チャールズは美食と遊蕩の毎日による影響もあってか、尿毒症により急死。嗣子がいなかったため、王位は弟であるジェームズ2世に継承された。

---

column 王政復古と復讐

チャールズは1660年5月29日、30歳の誕生日にロンドンに入城。翌年ウェストミンスター寺院で戴冠式が行われた。

王政復古前に発表したブレダ宣言では、革命関係者に対する寛大な処分に対して同意をしていたが、「陽気な王様」は父であるチャールズ1世を死に追いやった者たちへの復讐心を忘れていなかった。

死刑執行令状に署名をした主要人物のうち10人を残虐な方法で処刑。そして、すでに死去していたオリバー・クロムウェル（P.148〜149）の墓を暴き、「国王殺し」の罪名で遺体を反逆者として絞首刑にし、首を切り落とした。さらにその首を25年ものあいだ、ウェストミンスター・ホールの頂上にさらしたという。

■戴冠式が行われた　ウェストミンスター寺院

153

ジェームズ2世
James Ⅱ

生没年
1633年10月14日〜 1701年9月16日

在位
1685年2月6日〜 1688年12月1日

名誉革命で王位を追われたカトリックの王

■王位継承は誰の手に？

チャールズ1世とヘンリエッタ・マリアの子どもで、前王チャールズ2世の弟。兄の死後、国王に即位した。

ピューリタン革命時には家族で亡命。その最中に姉の侍女であったアン・ハイドと恋に落ち、王政復古が達成されたときに結婚した。ふたりのあいだには4男4女の8人の子どもが生まれるが、成人したのはわずかにふたりの王女だけであった。

1671年、末娘キャサリンの出産直後、アンは34歳の若さで夭折。その2年後、ジェームズはカトリックのモデナ公爵アルフォンソ4世の娘メアリー・オブ・モデナと再婚した。彼女もまたカトリックの信者であった。ふたりのあいだには4人の子どもが生まれるが全員夭折してしまう。

妻の影響を受けてかジェームズ2世はカトリックに改宗。ほどなくしてカトリック教徒及び非国教徒を差別する法律の停止を定めた「信仰自由法」を発布。その後メアリーが男児を出産したため、生粋のカトリックの王が誕生する可能性が生じたこと

で議会は猛反発し、宗教問題で議会と対立が起きたのだった。

反カトリック派は、クーデターを起こしてジェームズ2世を追放。夫婦であるメアリー2世とウィリアム3世を共同統治者として迎えた。血を流さず王位の交代が行われたこのクーデターは、名誉革命と呼ばれている。

■ジェームズ2世

宮殿から脱出する際、女装して逃れたという。

■外国の王の無血上陸

ジェームズ2世の没後は、プロテスタントのメアリー王女が継承権をもち、次いでアン王女が即位すると思われていたので、国民はジェームズの改宗を受け入れた。

しかし、王妃が男児を出産したことで事態は一転。生粋のカトリックの王がイングランドの玉座につく可能性が高まると、それを阻止しようと議会が動き始める。

1688年、ジェームズの廃位を決意し、オランダにいたメアリー王女に即位するよう請願したのである。メアリー王女の夫ウィリアムは1688年、1万4千の兵を率いてイングランドに上陸。ジェームズは軍を派遣して戦おうとするが、不満を抱えていた兵たちはウィリアム率いるオランダ軍との戦いを避けた。さらに、ジェームズが創設した常備軍の司令官も脱走。戦わずしてオランダ軍に投降してしまう。

国民の大多数がウィリアムの侵攻を歓迎していたため、不利を悟ったジェームズはウィリアムと交渉を開始する。しかし、その裏ではジェームズは王妃と王子をフランスに亡命させ、自身も亡命を試みるが、ケントで捕らえられてしまう。

ウィリアムと交渉したジェームズは再度の亡命が認められ、ロンドンを退去。フランスに亡命した。

■権利の章典の制定、立憲王政の確立

1689年、仮議会が招集され今後の王位継承についての話しあいが行われた。当初議会はメアリーの単独即位を希望したが、ウィリアムが単なる「女王の夫」の地位につくことを拒否。夫婦での王位継承を要求した。議会はウィリアムの王位継承の条件として、国民の権利と自由について書かれた「権利宣言」への承諾を求めた。ふたりはこれに署名し「権利の章典」として立法化された。これら一連の出来事が無血で行われた「名誉革命」にヨーロッパ中が驚いたという。

第2章 ステュアート朝

■オランダ、ゼーラント州に到着したウィリアム3世

250隻を越える船を従え、ウィリアム3世はトーベイのブリクサムに上陸した。

メアリー2世
Mary Ⅱ

生没年
1662年4月30日～
1694年12月28日

在位
1689年2月13日～
1694年12月28日

イギリス史で唯一の共同統治

■国民に愛された女王

父はジェームズ2世で、母はジェームズ2世の姉に仕えた侍女のアン・ハイド。カトリックの父に対してプロテスタントの母をもっていたため、妹ともどもプロテスタントとして育てられた。のちに母はカトリックに改宗したが、カトリックを嫌う国民感情を逆なでしないよう配慮され、姉妹はプロテスタントのままであった。

1677年、伯父チャールズ2世の計らいにより、オラニエ公ウィレム3世（ウィリアム3世）と結婚。栗色の髪と灰色の鋭い目つきをした未来の夫は12歳も年上で、10センチ以上背が低いうえに不細工だったという。メアリーは初めてウィレム3世とあった際、嫌悪のあまり泣き出してしまったという。しかし、結婚後は夫の優れた行政力を尊敬するようになっていった。

ふたりの結婚当初から夫は女官エリザベス・ヴィリヤーズと愛人関係にあった。彼女の解雇を拒む夫のせいでメアリーは毎日、夫の愛人と顔をあわせなければならないという憂き目にあった。

真面目で厳格な性格に加えて、外国人のウィリアムはイギリス国民からあまり好感をもたれなかったが、穏和で慈善活動に励む温かい人柄のメアリーは人々に好かれたという。

■夫との共同統治のあり方

共同統治といえども従順なメアリーは主に夫の采配に従っていた。追放されたジェームズ2世が反乱を起こした戦争の鎮圧や、オランダとフランスとの戦争などでウィリアムは度々イングランドから出国。ウィリアムの不在時は顧問団とともにメアリーがイングランドを統治する期間もあった。

世継ぎについては、三度の流産の末、嗣子が誕生することなくメアリーは1694年、天然痘によりケンジントン宮殿で病没した。これにより時期王位継承権は妹のアン王女に移ることになった。

カトリックの両親をもちながらともにプロテスタントとして育てられた姉妹であるが、ふたりの仲は極めて悪かった。

実妹との関係に悩んだ女王の晩年

■不仲の妹

王位継承権第２位の自分を飛ばして、姉の夫が王位についたことに不満をもっていたアンは、王妹として十分な内帑金が支給されるべきとして、手元の資金の増額を求めたほか、夫であるジョージ・オブ・デンマークを高いに地位につけるよう要求。これらの行動がメアリーを怒らせ、ウィリアムを通して要求を拒否。姉妹はことごとく対立した。

アンが全幅の信頼を置く女官サラをメアリーが解雇するよう求めたことでふたりは絶交。その後も妹と和解することなくメアリーは病没した。

■メアリー2世

女王であり王妃であるメアリーは非常に珍しい存在であった。

ウィリアム3世との結婚生活

ウィリアムの母、メアリー・ヘンリエッタはチャールズ2世の妹、ヨーク公ジェームズの姉であったため、ふたりはいとこ同士の結婚であった。オランダとイギリス両国間の相互不信のなかでの政略結婚の意味ももっているが、特に両国関係の安定化につながるものとは言い難かった。

猫背で背が低く、さらに両性愛者ともうわさされたウィリアムと、背が高く大柄なメアリーは似合いの夫婦とはいえず、さらにウィリアムには愛人がいた。しかし互いに敬意を払うことを忘れなかったため、ふたりは次第に関係を修復していった。

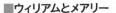
■ウィリアムとメアリー

ウィリアム3世
William III

オランダ総督からイギリスの王へ

■野心家の王

オランダ総督ウィレム2世とイングランド王チャールズ1世の王女メアリー・ヘンリエッタ・ステュアートのひとり息子として誕生。オラニエ家はフランス、オランダ、ドイツに領地をもつオランダの名家で、曾祖父であるウィレム1世の代から共和国の主要州で総督をつとめていた。オランダ名ではウィレム3世とも呼ばれる。

ウィリアム3世の誕生前にウィレム2世が病没したため、生まれた瞬間から家領を継承。しかし、総督職の世襲に反対が起こり、ウィリアムがステュアート朝の血統に連なることもあって、結果、共和制は無総督状態のままとなる。

1672年、陸軍総司令官に任命されるが、フランスによるオランダ侵略戦争が始まると、国民からの強い要望により総督に就任。対フランス戦争を率いた。

その後、オーストリアやスペインと同盟を結んでフランスに徹底抗戦。フランス軍を国内から撤退させた。以降、度々ルイ14世との戦争が起こり、ルイ14世の仇敵とされた。

1677年にはメアリー2世と結婚。1688年の大同盟戦争中、王位継承問題で揺れるイングランドに上陸し、ジェームズ2世の追放と無血での王位交代に成功した。

議会はメアリー2世の単独統治を望んだがウィリアムはこれを拒否、共同統治者となった。即位時に権利宣言を認め、権利の章典が発布されたことにより、王の権限は制限され、現在のスタイルに通じる立憲王政が確立されたのだった。そしてメアリーの病没後、乗馬中に落馬し51歳で死去した。

■ウィリアム3世

王位にこだわり、女王の配偶者に収まることを拒否した。

正式名称は「臣民の権利と自由を宣言し、かつ、王位の継承を定める法律」。「権利の章典」と表記されることもある。

名誉革命による王位の交代が行われたとき、共同統治を望むウィリアム3世の要望を認める代わりに議会が「権利宣言」を提出。これが受諾され、議会で立法化されたことにより権利の章典が発布された。

以降、イングランド国王（イギリス国王）は「君臨すれども統治せず」という立憲君主制が確立。国民と議会の権利が明確化されたのだった。主な内容は次の通り。

● 議会の同意を経ない法律の適用免除・執行停止の禁止。
● 議会の同意なき課税、平時の常備軍の禁止。
● 議会選挙の自由、議会内の発言の自由、国民の請願権の保障。
● 議会を招集すること。
● 国民の請願権、議会における議員の免責特権、人身の自由に関する諸規定。
● 王位継承者からカトリック教徒を排除すること。

立憲王政が確立されたことにより、対立を続けていた二大政党、貴族を中心とするトーリー党と中産階級を基盤とするホイッグ党が歩み寄り、両党が混在する政権も発足した。

1628年の権利の請願、1642年のピューリタン革命、護国卿の統治による国王不在期間、1660年の王政復古。二大政党の誕生、1688年の名誉革命を経てついに国王の専制政治から脱却、国民の権利と自由が保障されるようになった。

■1689年の権利の章典

国民の権利と自由について定められ、王位継承権はプロテスタントに限ることが記されている。

第2章 ステュアート朝

159

アン
Anne

ステュアート朝最後の君主

■予想外の王位継承

メアリー2世（P.156）の実妹。ジェームズ2世とアン・ハイドの次女で、姉とともにプロテスタントとして育てられた。彼女自身は教養があまりなく、読書や芸術よりもスポーツや乗馬を好んだとされる。

1683年にデンマーク・ノルウェー王フレデリク3世の次男で、クリスティアン5世の弟ヨウエン（ジョージ）と結婚。しかし子どもたちはことごとく夭折。合計17回の妊娠のうち、双子を含めた6回の流産、6回の死産を経験。無事に出産できた子どもも2歳になる前に病没し、11歳まで生き延びた王子も病に倒れた。その後生まれた子どもたちも生後間もなく死亡し、ひとりも成長することはなかったという。この原因は、スコットランド女王メアリー・ステュアートから遺伝したポルフィリン代謝異常疾患にあるとも指摘されているが、裏づけとなる確証はない。

1688年の名誉革命でウィリアム3世がイングランドに上陸すると、ロンドンから女官のサラと脱出して投降した。

姉夫婦に嗣子がいなかったため時期王位継承者の候補として、ホワイトホール宮殿の一室で暮らした。しかし、サラの夫のスパイ疑惑などにより、アンは姉夫婦と仲違いし、特にメアリー2世とは絶交状態に陥った。その後は宮廷に背を向け、ロンドン郊外にあるサイオン・ハウスに移り住む。メアリー2世の死後はウィリアム3世と和解、セント・ジェームズ宮殿に移り住んだ。

■アン

肥満体で痛風を患っており、歩くこともままならなかった。

酒で悲しみを紛らわせる日々

■ブランデー・ナン

アンは子どもを失う悲しみを忘れるかのようにブランデーを飲み、「ブランデー・ナン」の異名で呼ばれるほど、酒にのめりこんでいった。そんな彼女の心の隙間を埋めたのが、幼少期からの親しい友人である女官サラ・ジェニングスである。アンは異常なほどサラを寵愛していた。サラが軍人であるジョン・チャーチルと結婚したあとは、夫婦ともに高待遇を与えたという。

ウィリアム3世の没後、1702年に女王に即位したアン。彼女の夫ジョージには「女王の配偶者（プリンス・コンソート）」の称号及び海軍総司令官の地位が与えられた。アンの即位以降、スペイン継承戦争が本格化。イングランドはオランダ、オーストリアと同盟を結び、フランス・スペインと戦うことになった。

■サラ・ジェニングス

女王のあまりの寵愛ぶりは周囲が同性愛を疑うほどであった。

---

column ｜ グレートブリテン王国の誕生

1707年、アンはスコットランドをイングランドに併合。連合法により「グレートブリテン王国」が誕生した。こうして、ジェームズ1世の時代から約100年続いた同一人物が両国の国王をつとめる同君連合体制は終了。アンはグレートブリテン王国最初の君主となった。

連合法には、1536年のウェイルズとの合併を定めたもの、1707年のスコットランドとの連合を決めたもの、1800年グレートブリテンとアイルランドとの連合を決めたものがある。

■グレートブリテン王国の領土

アン女王の統治と継承者問題

■サラと二人三脚で領土を拡大

女王となったアンはサラを女官長に就任させ、彼女の夫ジョン・チャーチルをイングランド軍総司令官に任命し、スペイン継承戦争に臨んだ。

ネーデルランド戦線で活躍したジョンに対して、アンはマールバラ公爵の称号を与えた。勢いに乗ったジョンは、ブレンハイムの戦いでもフランス軍を打ち破り、その後も戦勝を重ねていった。アンは褒賞として多額の資金提供のみならず、領地とブレナム宮殿と呼ばれる大きな邸宅を与えた。

■サラとの決別

サラに全幅の信頼を置いていたアンだったが、ふたりの仲は徐々に冷え込みを見せる。和平推進派に傾き始めていたアンにとって、夫の代わりに戦争の遂行を進言してくるサラは疎ましい存在となっていった。また、サラはアンが嫌いなホイッグ党を支持していたため、余計に不満を募らせていくことになる。

1710年、アンはついにサラを宮廷から追放した。時を同じくして夫ジョンの横領疑惑が報告されて失脚。1714年にアンが脳溢血で死去すると王家は途絶え、次期国王にジェームズ1世の孫ゾフィーの子であるハノーヴァー家のジョージが選出された。

■ジョン・チャーチル

スペイン継承戦争で活躍し、マールバラ公爵家を興す。ダイアナ元妃の先祖としても知られる。

■ゾフィー

プロテスタントであったゾフィーの子息に王位継承権の白羽の矢が立った。

column スペイン継承戦争とアン女王戦争

政治に直接関与していなかったアン女王だが、彼女の時代にスペイン継承戦争、アン女王戦争などが起こり、イギリスは複数の海外領土を獲得した。

対フランスと北アメリカの植民地で局地的に繰り広げられたアン女王戦争は未決着のまま終了したが、スペイン継承戦争はジョン・チャーチルの失脚後に和平交渉が開始。その後、1713年にユレヒト条約が締結された。

■スペイン継承戦争後の各国の領土

スペイン継承戦争後の、領土を表したヨーロッパの地図。戦争中にグレートブリテン王国が成立。また、地中海のミノルカ島やジブラルタルなどを獲得している。スペインはオーストリアにネーデルラント、ナポリ王国、ミラノ公国を、サヴォイア公国にシチリア王国（のちにサルデーニャと交換）を割譲した。

column アン女王の夫ジョージ

イギリスではジョージ・オブ・デンマークの名で知られるが、デンマークではヨウエンと呼ばれた。イギリス王ジョージ1世は母方のいとこにあたる。

カンバーランド公のほかにもケンダル伯、ワーキンガム男爵の称号をもち、海軍司令長官などをつとめた。

ウィリアム3世とは異なり王位にはつかず、「女王の配偶者」である王配の立場にとどまった。口癖は「え、ほんと？（仏：Est-il-possible?）」で、これはジョージのあだ名にもなったという。

夫婦の仲は円満で女王は17回も妊娠したが、死産・流産・夭逝が相次ぎ、残念ながら嗣子には恵まれなかった。1708年、アンに先立って55歳で死去。

■ジョージ・オブ・デンマーク

163

7

ハノーヴァー朝

1714年～1901年

ステュアート朝に代わりイギリスの王家となったハノーヴァー朝。産業革命
による発展と広大な植民地の獲得により、世界帝国へと躍進した。

イギリス帝国主義の最盛期を迎えた時代

■君臨すれども統治せず

　アン女王の死去後、1714年にイギリス
王として即位したのはハノーファー選帝侯
であるジョージだった。ジャコバイトと呼
ばれるスチュアート朝の支持者による運動
もあったが、大きな問題もなくジョージ1
世が即位。ハノーヴァー朝が幕を開けた。
しかし、ジョージ1世は英語を話せず、イ
ギリスの内政にも興味を示さなかったた
め、政治は政府に任せていた。ホイッグ党
のロバート・ウォルポールが政権を握ると、
初代首相として国王ではなく議会が責任を
負う責任内閣を成立させる。こうして「王
が君臨すれども統治せず」という統治体制
が形作られた。この統治体制はアン以後も
ハノーヴァー朝で引き継がれていき、国王
は直接政治に関わるのではなく、支持する
人間を首相に任命するという間接的な形で
関わることになる。そのため次第に国王の
権力は弱まり、やがて国民人気の高かった
ヴィクトリア女王でさえも、好き勝手に政
治に介入することが難しくなり、立憲君主
制が確立された。

■産業革命と植民地の拡大

　ハノーヴァー王家が統治した18世紀は、
世紀後半から始まった産業革命により大き
く躍進した。織機や紡績機の開発、製鉄業
の発展、ワットの蒸気機関の改良によって
国内の工業化が進展。イギリスは莫大な生
産力を備えた。さらに自由貿易体制を整え
たイギリス帝国は、絶頂期を迎えることに
なる。イギリス躍進の原動力となった産業
革命だが、これが成功した要因のひとつに
海外の植民地の存在がある。イギリスは植
民地から安い原料を仕入れ、国内で製造、
加工して、ヨーロッパや植民地で販売し
た。安い原料の供給源であり、膨大な市場
でもある植民地が発展の鍵であった。その
ためイギリスは海外進出を続け、カナダ、
エジプト、南アフリカ、アジア、オースト
ラリアへと手を伸ばし、支配地域は全世界
に及んだ。1851年にはロンドンで世界初
の万国博覧会を開催し、その力を全世界に
誇示。ヴィクトリア女王が統治していた時
代に、イギリス帝国は最盛期を迎えていた
のだった。

■ヴィクトリア女王

ハノーヴァー朝の女王であり、初代インド女帝。彼女の治世下、産業革命や海外進出により繁栄を極め、大英帝国を象徴する女王として知られる。その治世はヴィクトリア朝とも呼ばれた。在位は63年に及び歴代国王のなかでも最長だった。

ヴィクトリア女王統治時代のイギリスの領土

ヴィクトリア女王時代にイギリスの領土は10倍以上に拡大し、史上最大の帝国となった。しかし帝国の維持、拡大のために世界各地で頻繁に戦争を行うことに。この時代に、イギリスが戦争していなかった時期は、ほんのわずかしかなかったといわれている。

■世界中に広がったイギリスの領土

カナダ
イギリス
南イエメン
エジプト
アフガニスタン
ビルマ
シエラレオネ
スーダン
インド
パプアニューギニア
ジャマイカ
ガンビア
アジャンティ
スリランカ
ガイアナ
ナイジェリア
ケニア
マレーシア
南アフリカ
ローデシア
オーストラリア
ニュージーランド

ハノーヴァー王家系図

エルンスト・アウグスト・ハノーファー選帝侯
1629〜1698

イギリス王ジェームズ1世の外孫ゾフィーと結婚。長男がイギリス王位を継承した。

ゾフィー・フォン・デア・プファルツ
1630〜1714

政治力に優れた女性で、孫のジョージ2世の嫁選びにも活躍したという。

ジョージ1世
1660〜1727

ハノーファーの統治を重視し、イギリスの内政は内閣に任せっぱなしにしていた。

ゾフィー・ドロテア・フォン・ブラウンシュヴァイク・リューネブルク
1666〜1726

愛人を作り、1694年にジョージ1世に離婚させられ、32年間死ぬまで幽閉された。

ジョージ2世
1683〜1760

政治よりも軍事に適正があり、オーストリア継承戦争で直接指揮を執って活躍した。

キャロライン・オブ・アーンズバック
1683〜1737

政治力に優れ、ジョージ2世に代わり首相と協力して統治を行ったという。

フレデリック・ルイス
1707〜1751

ジョージ2世の長男だが、王位継承を果たす前に死去。長男が王位を継いだ。

オーガスタ・オブ・サクス・ゴータ
1719〜1772

王の母として発言力が強まり、政治に介入しようとするが国民の非難を浴びた。

ジョージ3世
1738〜1820

農夫王と呼ばれ親しまれた。しかし身内のスキャンダルや病気のため精神を病む。

シャーロット・オブ・メクレンバーグ・ストレリッツ
1744〜1818

夫との家庭生活は円満で9男6女を得る。しかし子どもらのスキャンダルに苦しんだ。

ジョージ4世
1762〜1830

王太子時代から素行が悪く、多くのスキャンダルを引き起こしたことで有名。

ウィリアム4世
1765〜1837

海軍軍人として長くつとめていた。正室との子どもは逝去し、王位は姪へと継がれた。

エドワード・オーガスタス・ケント公
1767〜1820

ジョージ4世の嫡子がいなくなり、50歳で慌てて結婚。ヴィクトリアを得た。

ヴィクトリア・オブ・サクス・コバーク・ザールフィールド
1786〜1861

ヴィクトリアの母として政治に介入しようとし、ウィリアム4世との仲が険悪化した。

ヴィクトリア
1819〜1901

大英帝国を象徴する女王。数々の功績があるが、性格はわがままで短気だったという。

アルバート・オブ・サクス・コバーク・ゴータ
1819〜1861

ドイツ人のため国民人気は低かったが、有能でヴィクトリアの王配として活躍。

サクス―コバーク・ゴータ家

エドワード7世
1841〜1910

派手好きで奔放だが、庶民的な一面もあり、国民の人気は高かった。

ジョージ1世
George I

生没年 1660年5月28日〜1727年6月11日
在位 1714年8月1日〜1727年6月11日

英語の話せないイギリス王

■立憲君主制の基礎を作った王

　1714年にアン女王が死去したあと、継承法の規定に従って、ジェイムズ1世の孫娘であるゾフィーの長男ゲオルグ・ルートヴィヒがジョージ1世として即位した。このときすでに54歳で、神聖ローマ帝国のハノーファー選帝侯としての暮らしが長かったため英語を話すことができず、イギリスの内政には感心を示さなかった。一方で故郷のハノーファーには頻繁に帰国していたという。そのため国内政治は、スチュアート朝支持者であるジャコバイトの反乱を鎮圧し、勢力を伸ばしたホイッグ党が指導する政府に任されていた。当時大蔵卿だったロバート・ウォルポールが首相として内閣を取り仕切る政治体制が確立。初期の議院内閣制と「君臨すれども統治せず」という立憲君主制が形作られることになった。

■家族との不仲

　ジョージ1世は1682年にゾフィー・ドロテアと結婚した。ゾフィーは絶世の美女として有名だったが、ジョージ1世は王妃を省みることはなく、愛人を囲って生活するようになる。そのためゾフィーもケーニヒスマルク伯フィリップと愛人関係に。これを知ったジョージ1世はゾフィーと離婚し、彼女をアールデン城に幽閉した。このゾフィーに対する仕打ちを、息子であるジョージ2世は決して許さず、ふたりの確執は、1727年にジョージ1世が大陸で急死するまで続いた。また、この妻への仕打ちが国民の不人気の原因ともいわれている。

■ジョージ1世

1698年にハノーファー選帝侯となり、1714年にイギリス国王となった。

168

ハノーファー選帝侯としての活躍

■大陸で歴戦をくぐり抜ける

ジョージ1世は若いころから戦争に携わっていた。1675年には父とともに神聖ローマ皇帝レオポルト1世に味方してオランダ侵略戦争に参戦。1683年の第2次ウィーン包囲、大トルコ戦争や大同盟戦争にも従軍した。1698年に父親が亡くなり、ハノーファー選帝侯位を継承したあと、1702年のスペイン継承戦争でイギリスと同盟を組んで反フランス側で戦う。この戦いで功績をあげたジョージ1世は正式に選帝侯の地位が認められた。

1714年にイギリス国王として即位するが、イギリスよりも長年命を賭けて守ってきた故郷ハノーファーを重視する傾向にあり、実際、即位後も内政は内閣に任せ、自身は度々ハノーファーに戻っていた。大陸情勢に強い関心を抱いており、スウェーデンの覇権を争った大北方戦争にも反スウェーデンの立場で参戦。この戦争で勝利し、ブレーメンとフェルデンを獲得した。イギリスでは人気のなかったジョージ1世だが、ハノーファー選帝侯とてしては北ドイツでの権益も確保し、成果を残した。

---

column　イギリスの初代首相となった辣腕家

ジョージ1世は即位後、ホイッグ党を支持していた。そのホイッグ党で大蔵卿に就任したのがロバート・ウォルポールだ。大北方戦争をめぐる対立で一度は辞任するも、南海泡沫事件という投機事業の失敗が原因で発生した金融・経済危機で、ウォルポールは政治家としての力量を存分に発揮。大蔵卿に就任して、事実上の首相となり、その辣腕を振るうことになる。ウォルポールの基本的な政策は重商主義と平和外交で、内政では国内産業の保護と貿易を奨励し、工業製品の輸出税と工業原料の輸入税を廃止した。外交面では対外戦争の回避をはかり、1739年のスペインとの戦争が勃発するまで、イギリスは本格的な戦争を回避。そのためこの時期は「ウォルポールの平和」と呼ばれることになる。

■ロバート・ウォルポール

イギリスの初代首相。在任期間は1724年～1742年。ジョージ1世、2世の信任も厚かった。

ジョージ2世
George Ⅱ

生没年
1683年11月10日～
1760年10月25日

在位
1727年6月11日～
1760年10月25日

有能な宰相に恵まれた王

第2章 ハノーヴァー朝

■王妃に支えられた治世

　1727年、父親のジョージ1世の急死に伴い、彼の長男であるゲオルク・アウグストがジョージ2世として即位した。即位当初、ジョージは「小生意気なジョージ」、「虚栄心が強い小男」などと陰口を叩かれ、侮られていた。父のジョージ1世が重用したウォルポールを嫌い信用していなかったが、財政危機にあった国をなんとかできる人材がおらず、彼に頼ることになった。ただ、ジョージ2世のウォルポール嫌いは、すぐに解消されることになる。ジョージ2世は1705年にキャロラインと結婚するが、聡明な彼女は助言役としてジョージ2世を支えた。そんな彼女の助言と根回しもあって、ジョージ2世はウォルポールを信用し、国王と政府の関係は安定。ウォルポールが平和外交政策を執っていたため、平和な時を過ごすことになる。

　ちなみにジョージ2世の統治が、キャロラインとウォルポールの連携で進んでいることを知る国民は、歌にして王妃を讃え、国王をからかったという。

■ウィリアム・ピットの台頭

　ジョージ2世を支えたキャロラインだが、1737年にヘルニアの手術後に死去。また、オーストリア継承戦争が勃発したことで、平和外交政策を執っていたウォルポールが失脚。ジョージ2世の統治も変化し、自ら戦争に参加する。やがてウィリアム・ピットが台頭すると、植民地政策に積極的な彼の指導で、イギリスは植民地戦争でフランスに勝利。植民地を拡大して大英帝国への道を歩むことになる。

■ジョージ2世

1727年にイギリス国王に即位。父親に似たところが多く、人気はあまりなかった。

陣頭指揮を取った最後の国王

■海外での戦争で活躍

　ジョージ2世は父親と似て、その資質は軍人向きだった。1701年に発生したスペイン継承戦争では、父親とともに対フランス大同盟に参戦し戦った。その戦いで軍人としての力量を見せ、イギリス軍総司令官のマールバラ公ジョン・チャーチルも称賛した。国王として即位後、しばらくはウォルポールの平和外交政策もあり、その資質を披露する機会はなかったが、1740年に始まったオーストリア継承戦争で、ジョージ2世は自ら兵を率いて参戦する。そしてデッティンゲンの戦いで、オーストリア軍とともにフランス軍を撃破。この戦いが、イギリス国王が直接陣頭指揮を執った最後の戦いとなった。このあとイギリスは七年戦争、フランスとの植民地戦争を戦うことになるが、これらの戦いはジョージ2世ではなく、ホイッグ党の政治家であるウィリアム・ピットが指導。そのふたつの戦争でも勝利を収め、植民地拡大競争の覇者となった。だが1760年、ジョージ2世は動脈瘤の破裂で死去。大英帝国の到来を前に歴史の舞台から退場した。

column　偉大なる庶民・大ピット

　イギリス・ホイッグ党の政治家で、1766年に首相となった。植民地経済に明るく、植民地重視の政策を掲げていた。そのため平和外交政策を執るウォルポールと対立。ウォルポール失脚後、ヘンリー・ペラム政権下でジャコバイトの反乱の処理や財政改革に尽力したが、次は大陸重視のジョージ2世と対立する。さらにハノーファー重視政策を執る首相らを批判して失脚した。しかし偉大なる庶民と呼ばれるほど国民の人気が高かったピットは、国務大臣・外相として復帰し、戦争を指導。植民地での対フランス戦争を勝利に導き、イギリスの植民地拡大に貢献した。ピットは人を惹きつける情熱的な弁舌を得意とし、ウルフ将軍やアンソン卿といった優秀な人間を見出すことにも優れていた。

■ウィリアム・ピット

ホイッグ党の政治家で首相。在任期間は1766年〜1768年。植民地重視の政策で大英帝国を支えた。

ジョージ3世
George Ⅲ

内政・外交の難局に積極的に対処

■農夫ジョージ

　1760年に祖父であるジョージ2世の崩御を受けて、ジョージ・ウィリアム・フレデリックがジョージ3世として即位した。ジョージ3世は前2代の国王とは違い、イギリス生まれのイギリス育ち。即位後の最初の議会では、「私はこの国に生まれ、この国で教育を受けた。イギリス人であることを誇りに思う」と演説し、拍手喝采を浴びる。ちなみに3つの農場をもち、自身で畑を耕すこともあったので、「農夫ジョージ」と呼ばれ、庶民から好かれていた。

　ジョージ3世は前2代の国王の時代に王権が弱まったことに反発し、王権強化に乗り出し、内政・外交にも積極的に介入。また、ホイッグ党と対立し、トーリ党を重用した。1783年にはウィリアム・ピット（小ピット）を首相とし、ホイッグ党の勢力を後退させた。小ピットが首相に就任したのは弱冠24歳のころだったが、アダム・スミスの学説を参考にした自由貿易政策を実行するなど、その政治的手腕は卓越していて、首相としての地位を確立した。

　ジョージ3世は華美を嫌い、王室費を節約。その浮いた資金で議員たちを買収して、多くの政策を実行していった。外交面では大陸での戦争に加え、アメリカ独立戦争やフランス革命と、それに続くナポレオン戦争といった危機に直面する。小ピットとともに対フランス大同盟を援助し、この難局を乗り切ることに成功した。しかし多大な成果を示したジョージ3世ではあったが、病という問題が襲いかかった。

■ジョージ3世

1760年に即位。前2代の国王と違い、ハノーファーよりもイギリスを重視した。

スキャンダルと病に苦しんだ王

■ポルフィリン症に苦しんだ王

国王として順調に実績を積んでいたジョージ3世だったが、1764年にポルフィリン症という病気がみつかる。この疾患には精神症状などもあり、ジョージ3世は強迫観念や幻覚に悩まされていた。一度は症状が治まったものの、アメリカの独立やフランス革命の発生の際に、ふたたび症状に悩まされることになる。また、1761年にシャーロットと結婚し、9男6女に恵まれたジョージ3世だったが、成長した子どもたちが数多くのスキャンダルを起こし、彼の病状を悪化させる原因にもなっていた。

特に王太子はギャンブルで多額の借金を作り、女性に多額の歳費を貢ぐなど問題児だった。さらには次男も愛人を通じて賄賂を受け取るといった問題行動を起こす。これらはメディアに取りあげられ、大いに世間を賑わした。

神経が繊細だったジョージ3世は、ポルフィリン症と子どもたちの相次ぐスキャンダルにより、度々神経衰弱に見舞われ、1811年には完全に正気を失ってしまうのだった。

---

column　産業革命とジョージ3世

ジョージ3世の統治時代は産業革命が本格化した時期でもある。ジェームズ・ワットによる蒸気機関の改良や紡績機械の発明、製鉄業の発展など、産業や交通が大きく変化を遂げた。ジョージ3世も科学技術の進歩に関心を抱き、時計職人のジョン・ハリソンを支援した。当時イギリスはより正確かつ確実な航海時計の開発に2万ポンドの懸賞金を掛けていた。ハリソンは7週間で誤差38秒という驚異的な携帯用の時計を完成させ、正確な経度計算ができるようにしたが、出自の低さを理由に業績を認められず、懸賞金も全額支払われなかった。これを知ったジョージ3世は激怒し、ハリソンを養護。結果、ハリソンの業績は認められ、彼の完成させた時計は、航海などで必要不可欠なものになった。

■ジョン・ハリソン

イギリスの時計製作者で、機械式時計（クロノメーター）を初めて製作した。

ジョージ4世
George IV

生没年
1762年8月12日～
1830年6月26

在位
1820年1月29日～
1830年6月26日

民衆からの人気が薄い放蕩王

■スキャンダルで世間を賑わす

　1811年にジョージ3世がポルフィリン症を再発。完全に精神を病んでしまったため、摂政をつとめるようになり、1820年に国王として即位した。ジョージ4世は王太子時代から、ギャンブルで多額の借金を負ったり、競馬で八百長事件を起こしたりと素行が非常に悪く、それは国王となっても変わらなかった。ジョージ4世は1772年にキャロラインと結婚するが、彼はこのキャロラインを病的なほどに嫌っていた。

　長女シャーロットが生まれると、ジョージ4世は愛人を作り、キャロラインとの離婚を考えた。しかし内閣に離婚承認案を拒否され、激怒したジョージ4世は戴冠式への王妃の出席を拒否し、キャロラインを会場から閉め出した。一連の騒動はメディアも巻き込んだ大騒動となった。

　評判が悪く強硬な君主であったジョージ4世は政治にも介入。首相のスペンサー・パーシヴァルと対立を繰り返しながらも、ナポレオン戦争を勝利で乗り切った。

■ジョージ4世

1820年に即位。王太子時代からスキャンダルが多く、国民人気は低かった。

■キャロライン王妃

ジョージ4世との騒動では一方的な被害者ではなく、彼女自身不義の噂もあった。

第2章　ハノーヴァー朝

ウィンザーでの隠遁に近い晩年

■スコットランド行幸

1821年の戴冠式後、ジョージ4世はアイルランドとハノーファーを訪問。この際、歓待を受けたジョージ4世は、スチュアート朝の発祥の地であり、緊張状態が続いていたスコットランドへの行幸を思いつく。1822年夏、スコットランド入りしたジョージ4世は、氏族代表との接見に民族衣装のキルトで出席。これが功を奏し、スコットランドとの融和に成功した。スコットランド行幸以降、ジョージ4世は愛人とウィンザーで隠遁に近い生活を送った。

■スコットランド行幸時のジョージ4世

スコットランドでキルトを着る案は、同行した作家ウォルター・スコットの発案だという。

---

column ナポレオン率いるフランスに勝利

ジョージ4世は1811年から摂政として国政に関わるが、その間の最大の難局はナポレオン戦争だった。イギリスはフランス革命後のフランスを危険視し、対仏大同盟を組んで敵対した。1805年のトラファルガーの海戦で勝利し、フランスの本土上陸を防ぐことに成功する。しかし大陸ではフランスがヨーロッパ諸国を撃破、広大な領土を確保していた。1808年イギリスはアーサー・ウェルズリー率いるイギリス軍をイベリア半島に上陸させ、フランスを追い詰める。さらにその後、一度はエルバ島に追放されたナポレオンが島を脱出して大陸に舞い戻るも、ウェルズリー率いるイギリス軍が、1815年のワーテルローの戦いでこれを撃破。ナポレオン戦争を終結に導いた。

■アーサー・ウェルズリー

初代ウェリントン公爵。ナポレオン戦争で軍功を重ね、のちに首相もつとめた。

175

ウィリアム4世
William Ⅳ

生没年
1765年8月21日～
1837年6月20日

在位
1830年6月26日～
1837年6月20日

海軍で活躍した船乗り王

■気さくで庶民に人気の王

　ジョージ4世の死後、その弟であるウィリアム4世が国王として即位。青年時代に海軍にいたため、「船乗り王」の愛称で庶民に親しまれた。その軍歴は長く、13歳のときに士官候補生として海軍に入隊。アメリカ独立戦争勃発時にはニューヨークで勤務していた。1780年のサン・ビセンテ岬でのスペイン艦隊との戦闘にも参加。1785年には軍艦の艦長となり、翌年にはカナダにも派遣された。さらにトラファルガーの海戦で活躍したネルソン提督の旗下で、西インド諸島でも勤務。1789年には海軍少将に昇進している。長く海軍で過ごしただけあり、その気質は王侯貴族というより、軍人そのもの。海軍時代にロンドン市内を歩き回ったのと同じように、国王となってからもひとり歩きを続けた。彼を見かけたロンドン市民は喜んで彼を取り巻き、ウィリアム4世も気さくに会話に応じたため、国民からの人気は高かった。また戴冠式を「どうでもいい」といい出し、周囲を慌てさせ、結局華美にせず節約することを条件

に引き受けるといった逸話も残っている。

　ウィリアム4世はその治世において、救貧法の改訂、児童労働の制限と奴隷労働の禁止など数々の改革を実行。1832年の選挙制度改革は重要で、これをきっかけに数々の改革がなされ、議会制民主主義が完成するに至った。ウィリアム4世は65歳という高齢での即位だったため、その治世は短く、1837年に肝硬変で死去した。

■ウィリアム4世

1830年に65歳で即位。娘をふたり授かるが夭折し、後継者には恵まれなかった。

ヴィクトリア
Victoria

18歳の若き女王の誕生

■18歳の女王の誕生

　1837年にウィリアム4世はウィンザー城で崩御。彼には嫡子がいなかったために、先々代のジョージ3世の第4王子ケント公エドワードの一人娘であるヴィクトリアが18歳の若さで即位するこになった。ただ、ハノーファーではサリカ法典により女性の統治を認めていなかったため、イギリスとハノーファーの同君連合は解消された。

　即位前、ヴィクトリアの母親であるケント公妃の干渉が強く、摂政のように振る舞うケント公妃を見て、ウィリアム4世は激怒。ヴィクトリアからケント公妃を引き離そうとした。しかし、ウィリアム4世の心配は杞憂に終わる。ヴィクトリアは即位の日に行った引見にも母親は出席させず、毅然とした姿を見せた。政治に関してはウィリアム4世の治世でも首相をつとめていたメルバーン子爵を重用。彼はさまざまな問題でヴィクトリアの相談に乗り、信頼されるようになった。メルバーン子爵は毎日宮殿に通い、その関係は親子のようでもあったといわれている。

■ヴィクトリア女王

1837年に即位。新女王の毅然とした態度、堂々たる姿に多くの国民が感銘を受けたという。

■メルバーン子爵ウィリアム・ラム

ヴィクトリア女王即位時の首相。首相を辞任した際には、女王は泣き崩れたという。

中産階級の模範となった女王

■夫と幸せな家庭を築く

即位当初、ヴィクトリアにはカリスマ性も政治的手腕も皆無であった。立憲君主制、議員内閣制への理解が足らず、特に外交面で余計な介入を行おうとしていた。それを変えたのが、アルバートとの結婚だ。

ヴィクトリアはいとこであるアルバートと1836年に一度出会っている。その際にヴィクトリアはアルバートに魅力を感じ、以来文通を続けていた。そして1839年にウィンザーを訪れたアルバートと再会すると、一層魅力的になった彼に一目惚れ。自らプロポーズし、1840年にセント・ジェームズ宮殿にて結婚式を行った。結婚後、アルバートは献身的にヴィクトリアを支え、政治に関しても補佐。ホイッグ党に肩入れしていたヴィクトリアに、王権は中立であるよう諫め、王の在り方を示した。

ヴィクトリアは結婚後に4男5女を産んだ。仲睦まじく子沢山と見るからに幸せそうなヴィクトリアの家庭は、中産階級の模範として人気を得た。また、彼女の子らはヨーロッパ各地の王族と婚姻。ヨーロッパの祖母と呼ばれるようになった。

column ヴィクトリアを支えた王配

ザクセン・コーブルク・ザールフェルト公エルンスの次男として生を受ける。ヴィクトリアとは同い年のいとこでもあった。ふたりの叔父であるベルギー初代国王レオポルド1世の強い勧めで、引きあわされる。教養があり、知性に溢れた美男子であるアルバートはヴィクトリアを虜にした。結婚後、公私に渡り献身的にヴィクトリアを支えた。1840年にふたりの乗った馬車が銃撃された事件では、身を挺してヴィクトリアを庇い、国民の称賛を受けた。また、メルバーン子爵やピール首相などはアルバートの才覚に気づき、ヴィクトリアより先に彼に相談したという。王室費の改善、万国博覧会の成功といった功績をあげたアルバートではあったが、1861年、42歳の若さで逝去する。

■アルバート

最初は国民から疎まれていたが、後年その業績が評価され、ケンジントン宮殿に銅像が建った。

数々の内政問題と万国博覧会の成功

■アルバートの助言で問題を解決

　アルバートと結婚し、幸せのなかにあったヴィクトリアだが、平穏は長く続かず、さまざまな問題に直面することになる。

　1841年に寵愛していたメルバーン子爵が辞職。代わりにロバート・ピールが首相になった。ヴィクトリアは彼のことを嫌っていたのだが、アルバートがピールのことを評価していたため、彼の掲げた関税の大幅減税、所得税導入などの改革を後押し。やがてヴィクトリアもピールを信頼するようになる。そして1845年夏、アイルランドにおいてジャガイモが疫病で枯死し、大飢饉が発生。事態を重く見たピールは、アイルランド人が安い価格の輸入穀物を購入できるように、保護貿易的だった穀物法を廃止して対処。ヴィクトリアの信頼に応えた。しかし彼の対応も完璧とはいかず、ア

イルランドとのあいだに禍根を残すことになる。また、1848年には貧しい労働者階級が選挙権の拡大を求めたチャーチスト運動が活発化。一時はバッキンガム宮殿にまで押し寄せ、ヴィクトリアが避難する事態になった。しかし、これまでに行ってきた改革や運動家たちの内部分裂により、運動は力を失い、収束していった。

　数々の問題が存在していたヴィクトリアの治世だが、はっきりと成功だとわかる成果を残したものがある。それが1851年に開催されたロンドン万国博覧会だ。万国博覧会は近代の工業技術とデザインの祝典として企画された。アルバートはこの万国博覧会の熱心な推進者で、開催のために尽力した。その結果、開催期間中に600万人もの見物客を動員。イギリスは莫大な収益金を得て、自国の繁栄を世界中に誇示することに成功した。

■ジャガイモ飢饉

政府は対応策を取ったものの。アイルランドとの確執を残してしまった。被害は大きく

■ロンドン万国博覧会

水晶宮というガラス張りの建物が会場。全世界から10万点以上の展示物が集められた。

パクス・ブリタニカ

■海外領土の拡大

　ヴィクトリア統治下で、イギリスの海外領土はおよそ10倍にもなった。産業革命により工業化されたイギリスには、安い原材料の供給源であり、市場でもある植民地が必要だった。そのためイギリスは経済力と軍事力を背景に植民地を拡大し、イギリスのための自由貿易を押し広めた。その最も顕著な例が、1840年のアヘン戦争だ。当時、清から茶を大量に輸入していたために対清貿易赤字は膨らんでいた。それを是正するため、イギリスは清にアヘンを密輸。禁制品であるため清はアヘンを焼き払うが、イギリスはそれを口実に開戦。結果、5つの貿易港と香港を獲得した。いわゆる砲艦外交を軸に海外進出していた当時のイギリス。当然、反発も強く、インドの大反乱、マフディの反乱、ボーア戦争など各植民地で戦争を行うことになった。

　強引で傲慢な帝国主義政策だが、ヴィクトリアは現地民を教化し、飢餓から救い、文明化するという理念を信じて推進した。求心力、カリスマ性のあるヴィクトリアのもと、イギリスは民族も文化も宗教も違う世界各地の植民地をまとめることに成功。こうして世界中に植民地を得て、経済的にも繁栄したイギリスのことをかつて古代ローマをパクス・ロマーナ（ローマの平和）といったことにちなんでパクス・ブリタニカと呼んだ。

■トーマス・ジョネス・バーカー画『イングランドの偉大さの秘訣』

ヴィクトリアのカリスマ性は植民地にも影響。反乱が起きた地域でも彼女個人への忠誠心は揺るがなかったという。

column｜ヴィクトリア治世下での主な戦争

●アフガニスタン戦争

ロシアに対抗するため侵攻したイギリス軍と、アフガニスタンの戦闘。1838年に行われた一度目は敗北、1878年に行われた二度目は勝利。

●アヘン戦争

1840年に清とイギリスのあいだで2年間に渡って行われた戦争。原因はイギリスが清にアヘンを密輸したためだった。

●インドの大反乱

1857年イギリス東インド会社の傭兵（セポイ）が起こした反乱。イギリス軍が鎮圧し、その後イギリスがインドを直接統治することに。

●アシャンティ族との戦い

西アフリカのゴールド・コーストと、その周辺に住むアシャンティ族との戦闘。1873年にイギリス軍が勝利した。

●ズール族との戦い

南アフリカ植民地とズールー王国との戦闘。一度はイギリス軍が全滅するが、1879年にズールー王国の首都を陥落させ、支配下に置いた。

●エジプト制圧

スエズ運河の株を買収したイギリスだが、現地では反ヨーロッパ暴動が発生。1882年イギリスは武力介入してエジプト全土を制圧し、スエズ運河を確保した。

●マフディの反乱

1882年、エジプト支配下のスーダンで、救世主（マフディ）を名乗ったムハンマド・アフマドが蜂起。1898年にイギリス・エジプト連合軍がマフディー軍を壊滅した。

●ボーア戦争

南アフリカのボーア人国家トランスヴァール共和国との戦争。1881年にはイギリス軍は敗れるが、1889年にふたたび争い、イギリスが勝利。南アフリカを完全植民地化した。

●クリミア戦争

1853年から1856年までクリミア半島を舞台に争われた戦争。ドナウ川付近のトルコ領を占領したロシアに対して、イギリスはフランスやオスマン帝国と手を結びロシア軍を撃退した。

第2章　ハノーヴァー朝

■イギリスが戦闘を行っていた場所

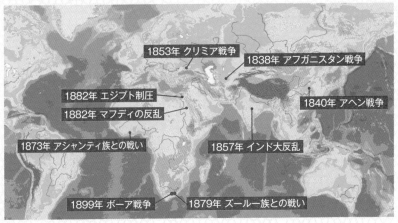

1853年 クリミア戦争
1838年 アフガニスタン戦争
1882年 エジプト制圧
1840年 アヘン戦争
1882年 マフディの反乱
1873年 アシャンティ族との戦い
1857年 インド大反乱
1899年 ボーア戦争
1879年 ズールー族との戦い

喪に服した10年と消極的な晩年

■アルバートの死により喪に服す

アルバートは1857年に議会から王配殿下としての称号を受け、ヴィクトリアのパートナーとして活躍していた。しかし1850年代からしばしば体調を崩すことが増え、やがて1861年、ヴィクトリアら家族が見守るなか、42歳の若さで逝去した。

アルバートを失ったヴィクトリアは、以来10年に渡って公務を拒否して隠遁生活を送る。また、自身が死去するまでの40年間、喪服を脱がなかったという。国民たちも最初は彼女に同情していたが、公務拒否が長く続くと批判が殺到。そのためヴィクトリアを公務に戻そうとするが、彼女は頑なに拒んだ。ならば、と長男のエドワード王太子に代行させようとするも、これまで

に数々のスキャンダルを起こし、アルバートの心労のもとになっていたため、ヴィクトリアはそれも許さなかった。

長きに渡って喪に服してたヴィクトリアだが、やがて保守党の首相であるベンジャミン・ディズレーリの説得により、公務に復帰するようになる。復帰した彼女はディズレーリを寵愛し、帝国主義外交に協力した。だがディズレーリに批判的だったウィリアム・グラッドストンが首相になると、非協力的になり対立。彼が引退したときは非常に喜んだという。その後ソールズベリー侯爵が首相になると、ヴィクトリアは消極的になり、政治に口を出すことは少なくなった。そして1901年、ヴィクトリアは脳出血で倒れ、81歳の生涯を閉じた。

■ベンジャミン・ディズレーリ

保守党の政治家で小説家。ヴィクトリアに重用され帝国主義路線を推し進めた。

■ウィリアム・グラッドストン

自由党の政治家で四度首相をつとめた。普通教育法や労働組合法の制定を行った。

column ヴィクトリア朝で花開いた文化

ヴィクトリアが統治していた時期をヴィクトリア朝と呼ぶ人は少なくない。この時代、イギリスは産業革命と海外進出により科学技術、工業技術のみならず、建築、芸術といった文化の面でも大きく変化、発展した。イギリス史においても類稀な時代だったからだ。

一般的にヴィクトリア朝のイメージは荘厳、華麗といったもので、建築ではゴシック建築の復興運動が盛んになり、中世キリスト教的世界観を理想とする様式が美術や建築に取り込まれ、タワーブリッジが建てられた。火災で大部分が消失したウェストミンスター宮殿もこのころに再建されている。美術の分野では、神話や宗教的なテーマと写実的で感傷的な画風が特徴であるフレデリック・レイトンや風景画のウィリアム・ターナーなど多くの画家が生まれた。また、この時代は大衆文化が発展した時代

でもある。芸術家は幅広い層にも理解できるようテーマを選んだ。文学の世界でも大衆娯楽としての小説が発達。『シャーロック・ホームズ』シリーズの著者アーサー・コナン・ドイルやSFの父と呼ばれたH・G・ウェルズといった作家たちが活躍した。さらにチャールズ・ディケンズ、トーマス・ハーディなど、発展の影にある暗部を描こうとする作家も登場した。そして、大衆文化のひとつとして大きく発達したのが、大衆紙や新聞といったメディアだ。産業革命を経て、安価で大部数の商業大衆紙が生まれた。初期にはジョージ4世の離婚騒動などスキャンダルに事欠かず、大衆メディアの発展に大いに寄与した。

礼儀や道徳を重んじる一方で、過酷で劣悪な生活環境から生まれた悲惨な価値観。矛盾したスタンスの両立により発展したのが、この時代の文化といえる。

第2章　ハノーヴァー朝

■ウィリアム・ターナー『トラファルガーの戦い』

ターナーは英国最高の風景画家のひとりであり、ロマン主義を代表する巨匠。のちの画壇に大きな影響を与えた。

Saxe-Coburg-Gotha
サクス・コバーク・ゴータ朝

1901年〜1917年

ハノーヴァー朝の後身となるサクス・コバーク・ゴータ朝。この時代、ドイツとの関係がイギリス王室名の改称問題に深く影響した。

目まぐるしく変わる王室の名

■ドイツの名門の名を採用

187年続いたハノーヴァー王家の名は、ヴィクトリア女王がサクス・コバーク・ゴータ公子であるアルバートを夫に迎えたことで消えゆくことになった。ヴィクトリアの長男アルバート・エドワードがエドワード7世として即位したとき、父方の名称をとってサクス・コバーク・ゴータ家と改めたのだ。こうしてイギリス王室は新時代に突入したのだった。

父方のサクス・コバーク・ゴータ家は、ドイツのザクセン地方を支配したヴェッティン家系の名門で、ドイツ中部サクス・コバーク・ゴータ公国の君主の血筋にあたる。イギリスのほか、ベルギーやブルガリアの王家も出した格式高い家柄である。サクス・コバーク・ゴータ公国はサクス・コバーク及びサクス・ゴータのふたつの領邦から構成される。1825年、アルテンブルク公フリードリヒ4世の死後に家が断絶すると、近隣諸公国のあいだで領土が再分配された。そこでザールフェルト公エルンスト1世がザールフェルトをサクス・マイニンゲン公国へ譲り、引き換えにゴータを継承。ここにサクス・コバーク・ゴータ公国が成立した。

■ドイツ名を捨ててウィンザーへ

サクス・コバーク・ゴータという家名は、エドワード7世の跡を継いだジョージ5世の時代にふたたび改められた。時は第一次大戦中の1917年。ジョージ5世は、敵国ドイツの名が家名であることは国民感情を逆撫でしかねないとの英断を下したのだ。そのため、サクス・コバーク・ゴータ朝の王はエドワード7世とジョージ5世のふたりきり、期間にして17年と短いものになった。

「誰からも好まれる名前を」と考え抜いたあげく、ジョージ5世が決めた新しい王朝の名前は「ウィンザー」。これは王宮のあるウィンザー城にちなんだもので、さらに彼はウィンザーを同家の姓としても定めた。なお、ウィンザー城はウィリアム1世の時代に築城した由緒正しき古城。代々の王家とゆかりが深く、現エリザベス女王も週末を過ごしている。

■エドワード7世と王妃アレクサンドラ
サクス・コバーク・ゴータ朝の初代王、エドワー
ド7世は王太子のまま60歳に達した。王妃アレク
サンドラとのあいだに3男3女をもうけたが、夫
婦関係は冷え切っていたようだ。

サクス・コバーク・ゴータ王家系図

 エドワード7世
1841〜1910
ヴィクトリア女王の長男。サクス・コバー
ク・ゴータ朝初代国王。

 アレクサンドラ・オブ・デンマーク
1844〜1925
デンマーク王クリスチャン9世と、その妃
ルイーゼの娘。

 ジョージ5世
1865〜1936
エドワード7世の次男。海軍軍人を経験後
にウィンザー朝初代国王に就任。

 メアリー・オブ・テック
1867〜1953
テック公フランツ・パウルと、ケンブリッ
ジ公爵家メアリー・アデレードの娘。

 エドワード8世
1894〜1972
ウィンザー朝第2代国王。在任325日で退
位した。

 ジョージ6世
1895〜1952
兄エドワード8世の後釜としてウィンザー
朝第3代国王に就任した。

ウィンザー王家

185

エドワード7世
Edward VII

厳しいしつけに反発して育った奔放な王

■政務にタッチできない王太子

　アルバート・エドワードがエドワード7世として即位したのは1901年、彼が60歳のときだった。偉大なる母ヴィクトリア女王の在位が63年という驚異的な期間に及び、エドワードは王太子のまま老齢に達する前代未聞のケースになった。

　王家の長男だったエドワードは、次代国王を運命づけられた男。当然、彼に対する教育方針は厳格を極めたが、その厳しさが逆に災いした。エドワードは締めつけられた反動で遊びに走り、ヴィクトリア女王に「愚かな息子」といわしめる問題児に育ったのだ。父が「人生は義務から成っている」と記した誕生日カードを渡したとき、エドワードはその場で破り捨てた。

　なお、オックスフォードやケンブリッジなどの正規の大学で教育を受けたのは、歴代イギリス国王のなかでエドワードが最初だった。成人する過程ではこうした高度な教育を経ているのだが、それでも両親からの扱いは終始冷たいもの。政務への関与を禁じられ、公式パーティの出席をかろうじ

て許される程度だった。ヴィクトリア女王の晩年は政務をこなすようになったが、文書の閲覧が許されただけで意見は挟めなかったという。

　こうして両親の前では窮屈な日々を送っていたエドワードだが、ひとりになると演劇やスポーツ、競馬などに励んで気楽な皇太子生活を楽しんだ。特に、イギリス王室が深い関わりをもっていた競馬には並々ならぬ愛情を注ぎ、イギリス競馬史に残る名馬を何頭も所有した。

■エドワード7世

派手好きで気ままなエドワード7世。下情に通じた王太子として国民に親しまれた。

平和を生み出す「ピースメーカー」

■英仏協商と英露協商

政務を禁じられたエドワードだが、交渉事項に関与しないという条件つきで外遊は許された。インド、アメリカ、カナダ、エジプトなど多くの国へ精力的に出かけ、即位後もロシアやヨーロッパ主要国を訪問して各国要人と顔をつないでいった。エドワードにしてみれば最初は遊びの延長線上だったかもしれないが、それが結果的に卓越した外交センスを発揮することになる。

1904年には英仏協商、1907年には英露協商を締結させ、平和を製造する「ピースメーカー」と評された。また、それらの功績は、ドイツ皇帝ヴィルヘルム2世の帝国主義政策に対抗し、国際関係におけるイギリスの地位強化に意欲を燃やした成果ともいわれている。いずれにしても、度々の外遊から得たエドワードならではの人脈や経験がイギリスに平和をもたらしたのである。かつてエドワードはフランスに惚れ込み、パリの娼館で長い月日を過ごしたことがある。両親は頭を悩ませたというが、何事も経験と考えると悪いことばかりではなかったのかもしれない。

---

column ┃ **エドワード7世の子女たち**

次代国王として即位したのは、次男のジョージ・フレデリック（ジョージ5世）。本来、王位継承者とされていたのはクラレンス・アヴォンデイル公に叙された長男アルバート・ヴィクターだった。しかし彼は、まだヴィクトリア女王が在位していた時代に肺炎で急逝している。

長女のルイーズは初代ファイフ公（第6代ファイフ伯）アレグザンダー・ダフの妻となったが、次女のヴィクトリア・アレクサンドラは縁談の申し込みが多かったものの生涯独身を貫いた変わり種である。確かな理由は不明だが、母が結婚を思いとどまるよう命じたともいわれている。そして三女のモードはノルウェー王ホーコン7世に嫁ぎ、単独王国となったノルウェーに約600年ぶりに復活した王妃になった。

■アルバート・ヴィクター

お忍びで街に出かけることが多く、切り裂きジャック事件の容疑者のひとりにあげられたことも。

アレクサンドラ・オブ・デンマーク
Alexandra of Denmark

生没年
1844年12月1日〜
1925年11月20日

在位
―

王室内外に明るさを振りまいた淑女

■夫の女癖に苦しんだ結婚生活

「美しい妻を娶ればエドワードの素行もよくなるはずだ」。そう考えたヴィクトリア女王らは、ドイツの公家やロシア、デンマークの宮廷まで幅広く妃候補を探した。そしてデンマーク王女のアレクサンドラに白羽の矢が立ち、エドワードもそのまばゆい美貌に惚れ込んで結婚を熱望。当時の王家の縁談にしては珍しく見合いも行われ、ふたりの合意で婚約がまとまった。

アレクサンドラはヴィクトリア女王にも大いに気に入られ、イギリス滞在中は精一杯のもてなしを受けた。時間を守らないなどの悪評も一部あったが、ヴィクトリア女王と違った明るい性格は誰からも好感をもたれたという。また、エドワードは自身の即位にあたり、彼女にガーター騎士団員の女性向け称号「レディ・オブ・ガーター」を与えている。この叙位は国王ヘンリー7世が母に与えて以来の稀少なものだ。

しかし幸せな結婚生活は夢に終わり、この夫婦は互いに愛情を感じなくなっていった。エドワードのひどい女癖が結婚後も止まらなかったからである。こともあろうに、アレクサンドラのすぐ側で愛人ケッペル夫人と愛しあうことさえあったという。そんな夫との冷え切った関係に、アレクサンドラは心身ともに疲れ果てていく。長男アルバート王太子の死にもひどく打ちのめされ、一時は王室行事に出席しない日々が続いた。その後、夫の即位に伴ってめでたく王妃となるもなかなかに気苦労の絶えない人生だった。

■アレクサンドラ王妃

50歳を超えてなお30代に見られるほど若々しい美貌。その魅力は王室外交にも貢献した。

ジョージ5世
George V

海軍あがりの老練な立憲君主

■即位早々に乗り切った政治的難局

エドワード7世の長男アルバート・ヴィクターが病死していたため、次男のジョージ・フレデリックが王位を受け継いだ。1910年、国王ジョージ5世の誕生である。

厳格な教育を強いられた父と違い、ジョージは和気あいあいとした家庭生活を送った。そのぶん学業は苦手だったようで、自筆の文書には誤字も多い。

12歳のときに父の意向で海軍に預けられると、1884年には海軍中尉、1886年には海軍大尉となり、砲艦スラッシュ号の艦長として北大西洋上の勤務にもついた。そんな海軍生活からウィリアム4世と並んで「セイラー・キング（船乗り王）」の愛称で親しまれ、射撃の腕を磨き続けたという。順当にいけば海軍提督や司令長官になっただろうが、兄アルバートの死によって王位への道を歩むことになった。

即位直後にジョージが直面したのは内閣と貴族院の抗争問題だった。それまで貴族たちは、増税など自分らに不利な法案を断固拒否してきた。だがジョージはアスキス首相内閣に助勢し、貴族の横暴を封じようと「法案通過に賛成する貴族を必要なだけ叙爵する」と大権の行使を主張。これで貴族たちを黙らせ、議会法を成立に導いたのである。また、アイルランド独立法案をめぐる難局にも対したが、それも第一次世界大戦の混乱前に成立させている。王位についたばかりでいくつもの重要案件を乗り切ったジョージは、「国王は内閣に適切な助言を与える」という賛辞を受けた。

■ジョージ5世

ロシア皇帝ニコライ2世にそっくりといわれたジョージ5世。一見では重臣さえ区別がつかないほどだったという。

国民とともに戦う王

■真摯な姿勢で国民を鼓舞

　1914年、第一次世界大戦が勃発した際も、ジョージ5世は信望を大きく集める行動に出た。まず、王家が率先して身を引き締めるべく、宮廷におけるワインの飲用を禁止。そして戦線、野戦病院、輸送船、病院船、艦艇などあらゆる場所へ自ら足を運んで兵たちを激励した。さらには、ドイツと戦うイギリス国民の心情を鑑みて、ドイツ由来の王朝名「サクス・コバーク・ゴータ」を捨て、「ウィンザー」に改めたのである。そんな「国民とともに戦う王」に感激

し、国民は団結して大戦を戦い抜いた。

　大戦後は階級間の軋轢、相次ぐ労働争議、世界恐慌による財政難といった新たな政治的危機に見舞われたが、運も味方して大事には至ってない。イギリス初の労働党内閣が生まれたときも、ジョージは保守的でありながらも公平を信条とし、あくまで内閣の良き助言者という立場を貫いた。

　1936年、率直、忠実、善良、清廉など数々の評価を残したジョージ5世は、第一次世界大戦中の落馬事故も尾を引き、体調の悪化により静かに息を引き取った。

---

column　第一次世界大戦では従兄と敵対

　20世紀に入るとヨーロッパでは「ドイツ・オーストリア・イタリア」と「イギリス・フランス・ロシア」の三国同士が対立し、軍事衝突を避けられない複雑な国際関係を形成した。そして、ついに開戦した第一次世界大戦において、イギリスはドイツと戦火を交えることになる。

　当時のドイツ皇帝はヴィルヘルム2世で、その母はヴィクトリア女王の長女ヴィクトリア・アデレイド・メアリ・ルイーズ。つまり、敵のトップであるドイツ皇帝はジョージ5世のいとこにあたる人物だった。まさに「昨日の友は明日の敵」、時代とはいえ、なんとも皮肉なものだ。

■ヴィルヘルム2世

ドイツの敗戦が近づくなか、国内で革命が起こるとヴィルヘルム2世はオランダへ亡命した。

メアリー・オブ・テック
Mary of Teck

生没年
1867年5月26日～
1953年3月24日

在位
―

ジョージ5世を支えた内助の功

■王族の資質を備えた女性

ジョージ5世の妃メアリーは、ドイツ貴族テック公の家に生まれた長女。ヴィクトリア女王に見初められた彼女はジョージ5世の兄アルバートと婚約していたが、彼の死去に伴ってジョージ5世と結ばれることになった。その経緯については、メアリーを高く買っていたヴィクトリア女王が手放さなかったとも、ジョージがメアリーに情けをかけて求婚したともいわれる。

なお、テック公はドイツ貴族の出身だがロンドンに定住し、メアリーもロンドンの生まれ。イギリスの王太子がイギリス生まれの女性を妃にしたのは、意外なことにこれが初めてのケースだった。

メアリーは聡明かつ気丈な性格で、王室の規律を大事にすることで周囲から厚い信頼を寄せられていた。王妃になった直後の第一次世界大戦下においては父方のドイツ系の血筋を否定し、ジョージとともに方々へ激励に回るなど国政に大きく貢献。元来は武骨なジョージが国民に広く親しまれるようになった理由のひとつに、メアリーの

内助の功があるのは間違いない。まさにヴィクトリア女王の目に狂いはなく、国王の側に必要な女性だった。

長男エドワード8世の治世でもメアリーは強い影響力を保持し、王室の風紀を乱す者に厳しい処置を下していった。また、当時の王家には「先王の王妃は新王の戴冠式に出席しない」という不文律があったが、それにとらわれることなく次男ジョージ6世の戴冠式に顔を出している。

■メアリー・オブ・テック

幼いころから良い教育を受け、芸術にも通じた賢女メアリー。気品に溢れている。

ウィンザー朝

1917〜

第一次世界大戦中に誕生した新しい王朝は、その後の大戦や冷戦など何度も
訪れた苦難を克服し、21世紀になっても現在進行形で歴史をつむぐ。

さまざまな危機を乗り越え現在にいたる王室

■激動の20世紀を越え未来を築く

　ノルマン朝以来、イギリスの王朝の呼び名は国王の爵位名、もしくは家名から採用されるのが通例で、王朝名が変わるのは新国王が即位するときに限られてきた。しかし、1917年7月17日、国王ジョージ5世は王朝名をそれまでのサクス・コバーク・ゴータ朝から、王宮がある場所にちなんでウィンザー朝に変える。前王朝の呼び名はヴィクトリア女王の王配アルバートの家名からとられたもので、そのルーツはドイツの名門ザクセン・コーブルク・ゴータ家にある。当時のイギリスは第一次世界大戦でドイツと戦争中だったため、ジョージ5世はイギリス国民の心情を慮ってこのような措置をとったと考えられている。

　ウィンザー朝の創始者であるジョージ5世は1936年に他界し、長男のエドワード8世が即位する。気さくで活発な新国王は王太子時代から人気が高く、イギリス王室の未来は明るいと思われた。しかし、エドワード8世はひとりの女性との結婚に固執するあまり、わずか300日足らずで王位を捨てるという前代未聞の椿事を起こす。

　エドワード8世が投げ捨てた王冠を拾ったのは、弟のジョージ6世だった。ジョージ6世は吃音症のハンデを克服した努力の人で、その粘り強さは1939年から始まった第二次世界大戦の最中にも発揮された。戦時中、ロンドンは何度もドイツの空爆を受けたが、ジョージ6世はロンドンを離れずに国民を激励し続け、終戦までともに戦う姿勢を見せた。この誠実な態度は高く評価され、ジョージ6世は史上最も国民に愛された国王という評価を得ている。

　1952年にはそのジョージ6世も他界し、長女のエリザベス2世が即位。エリザベス2世は王室の様子をテレビで放映したり、王族の街歩きを奨励するなど、君主制を親しみやすいものに作り変えていった。この方針は王室内のスキャンダルが報道されやすいというデメリットも生んだが、開かれた王室のイメージ作りは成功した。以後、イギリス王室はイギリス国民だけでなく、世界中の注目を集めるロイヤルファミリーとしての地位を確立していったのである。

■エリザベス2世

2022年、在位70周年となるプ
ラチナジュビリーを迎え、英国
王室としては歴代最長、世界史
上でも歴代2位の長期在位君主
となり、健在ぶりをアピール。
しかし同年9月8日、静養先の
スコットランドにて老衰のため
崩御した。

ウィンザー朝の現在の領土

　20世紀に発生した2回の大戦の結果、イ
ギリスの国力は大きく疲弊した。1947年の
インド独立を皮切りに世界各地に有していた
植民地は次々と独立し、21世紀になるころ
にはイギリスに残された領土は本土のほかに
は小さな島々だけとなった。

本国と王室属領
海外領土

アクロティリ 及び デケリア

本国 及び 王室属領

イギリス領
ヴァージン諸島

バミューダ諸島

タークス・カイコス諸島

ジブラルタル

ケイマン諸島

アンギラ

モントセラト

イギリス領インド洋地域

ピトケアン諸島

セレナヘレナ・アセンション
及び トリスタンダクーニャ

フォークランド諸島

サウスジョージア・サウスサンドウィッチ諸島

ウィンザー王家系図

ジョージ6世
1895〜1952

王位を捨てた兄に代わって即位。第二次世界大戦を国民とともに乗り越えた。

フィリップ
1921〜2021

ギリシャ王族の出身。のちにイギリスに帰化し、エリザベス王女の夫となった。

エリザベス2世
1926〜2022

親しみやすい王室を実現させた現イギリス女王。歴代最長の在位期間を更新中。

ダイアナ
1961〜1997

チャールズ王太子の最初の妻。夫の不倫が原因で離婚。1年後に交通事故死した。

チャールズ
1948〜

ダイアナと結婚したが1996年に破局。以前から不倫関係にあったカミラと再婚した。

キャサリン
1982〜

大学時代から交際していたウィリアムと結婚。民間人の王室への輿入れは351年ぶり。

ウィリアム
1982〜

ケンブリッジ公爵。王位継承権は第1位。2011年にキャサリン妃と結婚した。

ジョージ
2013〜

ウィリアムとキャサリンの長男。祖父と父に次ぐ王位継承権第2位を有する。

シャーロット
2015〜

ウィリアムとキャサリンの長女。兄ジョージに次ぐ王位継承権第3位である。

ルイ
2018〜

ウィリアムとキャサリンの次男。兄姉に続く王位継承権第4位を有している。

ジョージ5世
1865〜1936

1917年に王朝名をウィンザー朝に改めた、ウィンザー朝の創始者。

メアリー
1897〜1965

ヘンリー
1900〜1974

ジョージ
1902〜1942

ジョン
1905〜1919

エドワード8世
1894〜1972

わずか300日足らずで退位し、アメリカ人女性ウォリス・シンプソンと結婚した。

マーガレット
1930〜2002

スノードン伯爵夫人。結婚前、離婚後とさまざまな男性と浮き名を流した。

カミラ
1947〜

ダイアナと結婚する前からのチャールズの恋人。30年以上の交際を経て2005年結婚。

アン
1950〜

アンドルー
1960〜

エドワード
1964〜

ヘンリー
1984〜

ウィリアムの弟。メーガン妃と結婚し、子宝に恵まれるも2020年、公務離脱を宣言。

メーガン
1981〜

共通の知人を介してヘンリーと知りあう。米国の女優が王室に嫁いだのは初めて。

アーチー
2019〜

ヘンリーとメーガンの長男。まだ王子の称号はないが、王位継承権第6位を有する。

リリベット
2021〜

ヘンリーとメーガンの長女。まだ王女の称号はないが、王位継承権は第7位である。

エドワード8世
Edward VIII

国民の人気は高かったが治世は短期に終わる

第2章 ウィンザー朝

■わずか11カ月で王冠を投げ出す

エドワード8世はウィンザー朝第2代国王。ヨーク公ジョージ王子（ジョージ5世）と妻メアリー・オブ・テックのあいだに産まれた第1子である。

幼少時のエドワードは家庭教師によって基礎的な教育を受けた。そして1907年に海軍兵学校へと進学するが、学力、体力ともに兵学校での成績は芳しいものではなかったという。それでも若きエドワードは国家への忠誠心に満ちており、1914年に第一次世界大戦が始まるとイギリス軍の一員として前線に赴くことを強く希望した。しかし、この願望は陸軍大臣ホレイショ・キッチナーによって却下される。このためエドワードは安全な後方任務に従事することになったが、機会をみつけては献身的に前線の兵士たちに慰問活動を行った。王族自ら危険な前線に足を運ぶというエドワードの姿勢は国民に好意的に評価されたという。

1936年1月、ジョージ5世が他界するとエドワードは国王に即位し、エドワード8世となる。エドワード8世は当時交際中

だったアメリカ人女性ウォリス・シンプソンとの結婚を望んだが、離婚歴があるウォリスとの結婚は英国国教会の認めるところではなかった。このため、エドワード8世は同年の12月に退位するとイギリスを去り、念願のウォリスとの結婚を実現させた。その後はドイツやフランス、アメリカなど各地を転々としながら、第二次世界大戦後はフランスに定住。悠々自適の生活を送り、1972年に食道ガンで死亡した。

■エドワード8世

国王在位期間はわずか11カ月。ノルマン朝以来の王家の歴史のなかで2番目に短いスピード退位だった。

王太子時代のエドワードはダンスや乗馬など多数の趣味をもち、さまざまな女性と浮き名を流すプレイボーイという側面もあった。さらに身分にとらわれず誰にでも気さくに話しかけるエドワードは、親しみやすい王族として多くの国民から愛される存在だった。しかし、父ジョージ5世は息子の性質が軽薄過ぎると危惧しており、晩年には「自分が死んだら、息子は12カ月以内に破滅するだろう」と当時のイギリス首相スタンリー・ボールドウィンに語ったという。退位することを王族としての破滅と考えるなら、ジョージ5世の言葉はまさしく的確な予言だったといえる。

エドワードとウォリス・シンプソンの交際が始まったのは1931年。当時のロンドンの社交界ではウォリスはつまらないアメリカ人と軽く見られていたが、エドワードは彼女に強く惹きつけられ夢中になった。ウォリスはエドワードと知りあったとき、すでに二度目の結婚をした人妻だったが、エドワードはかまわず交際を続けた。そして1936年に王位につくと、ウォリスを離婚させて王妃に迎えようとする。ウォリスの離婚手続きは同年の10月に終わったが、イギリス国王が二度の離婚歴をもつ女性を王妃に迎えるという行為は前代未聞であり、首相をはじめ多くの人々がこれに反対した。これに対してエドワードは国民からの人気を盾に押し切ろうとしたが、問題はもっと根本的な部分に存在していた。英国国教会の首長であるイギリス国王が教会の規範を逸脱することは許されなかった。最初からエドワードには王冠か結婚のどちらかを諦めるしか選択肢がなかったのだ。

12月、エドワードはついに王冠を捨てる道を選ぶ。一連の騒動は「王冠を賭けた恋」と呼ばれ、人々の記憶に残ったが、退位後もヒトラーと接近するなど、イギリス政府にとって頭の痛い存在であった。2011年にはこの出来事を題材にした映画『ウォリスとエドワード　英国王冠をかけた恋』が製作され、ふたりのロマンスが時を越えて蘇っている。

■**ウォリス・シンプソン**

大恋愛の末にエドワード8世の心を射止めた。しかし、生涯イギリス王室との対立は続いた。

第2章　ウィンザー朝

197

人物解説
ウィンザー朝
2

ジョージ6世
George Ⅵ

生没年
1895年12月24日〜
1952年2月6日

在位
1936年12月11日〜
1952年2月6日

コンプレックスに悩む内気な王子

■精神的な負担が原因で吃音症に

ジョージ6世はウィンザー朝第3代国王。ヨーク公爵ジョージ（のちのジョージ5世）とその妻メアリー・オブ・テックの第2子である。フルネームはアルバート・フレデリック・アーサー・ジョージ。即位前はアルバート王子、親しい人々にはバーティという愛称で呼ばれていた。

幼少時のアルバートは内向的な性格の子どもで、X脚だったので矯正のために両脚にギブスをつけて生活していた。また、生来は左利きだったが、父ジョージに矯正させられたという。このように普通の子どもとは異なるところがあったアルバートは常に精神的な重圧を受け続け、ストレスが原因で8歳ごろから吃音症になってしまう。

成長したアルバートは海軍兵学校に進学し、第一次世界大戦に従軍した。兄エドワードは王位継承権1位という立場から前線に配属されないよう考慮されたが、アルバートは激戦区に配属され、殊勲報告書に名前が記されるほど活躍した。しかし、戦後もアルバートは人気者の兄の影に隠れがちな、内気な若者のままだった。

このようなアルバートが珍しく自分の意思をはっきり見せたのが、花嫁選びのときだった。1920年にストラスモア伯爵の娘エリザベスと出会ったアルバートは彼女にすっかり夢中になり、求婚を申し出る。エリザベスは最初のうちは結婚に乗り気でなく求婚を断っていたが、アルバートは3年間諦めずに求婚を続け、ついに承諾を勝ち取った。ふたりは1923年4月26日に結婚し、夫婦のあいだにはエリザベスとマーガレットの2女が産まれた。

■ジョージ6世

兄エドワード8世が突然退位したため急遽国王に即位。誠実な人柄で国民の尊敬を集めた。

第二次世界大戦とイギリス

　20世紀には世界各地で数多くの国家間の戦争が勃発したが、そのなかでも最も凄惨な被害を出したのが第二次世界大戦である。この戦争はイギリス、フランス、アメリカ、ソビエト連邦などの連合国と、三国同盟を結んだドイツ、イタリア、日本を中心とする枢軸国のあいだで行われ、世界中に戦渦が広がった。

　開戦の原因は複数あったが、最も大きな要因となったのは1929年の世界大恐慌である。世界大恐慌は世界各国に経済危機をもたらしたが、なかでもドイツへの影響は深刻で、経済は完全に破綻して膨大な数の失業者を生み出した。この状況がアドルフ・ヒトラーとナチスの台頭を招く。ナチスは第一次世界大戦後にもたらされたヴェルサイユ体制の打破を掲げ、1933年にドイツの政権を獲得。ドイツは再軍備を始め、1938年にオーストリアを併合した。

　当時のイギリスはドイツとは対立する方針ではなく、宥和政策をとっていた。しかし、ドイツの軍事行動はエスカレートする

一方で、1939年3月にはチェコスロヴァキアを占領。さらに同年9月未明にポーランドへと侵攻を始めると、ポーランドの同盟国だったイギリスはついにドイツに宣戦布告。ここに第二次世界大戦が始まる。

　開戦当初ドイツの攻勢は凄まじく、イギリスの同盟国フランスは1940年6月にドイツに降伏。イギリスはヨーロッパ大陸の拠点を失い、本土に追い返されてしまう。さらにドイツはイギリス本土への上陸作戦の一環として、ロンドンに激しい爆撃を繰り返した。これに対してイギリスは戦闘機やレーダーを駆使して空中戦を挑み、激戦の末にドイツ空軍を追い払った。

　その後、1941年にはアメリカが連合国への軍需物資の提供を始め、同年12月には日本と開戦して連合国の一員になる。膨大な生産力を誇るアメリカの参戦によって連合国の戦力は急上昇し、徐々に枢軸国を圧倒。これにより1943年9月にイタリア、1945年5月にドイツ、同年8月には日本が降伏し、大戦は終戦を迎えた。

■空襲で破壊されたロンドン

ドイツによるロンドンへの攻撃は熾烈を極めたが、国民は団結して耐え、のちの勝利へとつなげた。

内気な王子から国民に敬愛される国王に

■国王となり前代未聞の国難を乗り切る

　エリザベスとの結婚によって幸福な家庭を手に入れたアルバートだが、依然として吃音症は彼にとって重大なコンプレックスとなっていた。1925年に開催された大英帝国博覧会でアルバートは開幕スピーチの大役を任されたが、結果はひどいものになってしまう。そこでアルバートはスピーチ・セラピストのライオネルの指導を受けることを決断。この努力は実を結び、アルバートは吃音症の克服に成功した。

　1936年1月にジョージ5世が死去すると、アルバートの兄エドワード8世が即位した。いまだ未婚だったエドワードはアメリカ人女性ウォリス・シンプソンとの結婚を望んだ。しかし、ウォリスには離婚歴があったため、王妃にはふさわしくないと周囲の誰もが難色を示した。そこでエドワードはウォリスとの結婚を実現するため、同年12月に退位してしまう。これによりイギリス国王の座はアルバートのものとなり、1936年12月11日、アルバートはジョージ6世として即位した。

　それから間もなくヨーロッパには戦乱の気配が漂い始め、1939年には第二次世界大戦が始まる。開戦にあたっては、すでに吃音症を克服していたジョージ6世がラジオで国民に呼びかけ、鼓舞した。また、ジョージ6世は戦時中に空爆にさらされて

もロンドンを離れることはなく、終戦まで国民を勇気づけた。こうした高潔な態度によりジョージ6世は「よき王」として国民の敬愛を集める存在となった。

　突然の王位継承や大戦によってもたらされた国家の危機など大きな試練を乗り越えたジョージ6世は、1952年に肺ガンのため57歳で他界した。当時のイギリス首相チャーチルはジョージ6世の葬儀に参列した際、彼への敬意をこめて「勇者へ」と書き添えた花輪を贈ったという。

　ジョージ6世の人気は死後半世紀たっても衰えることはなく、2010年には吃音症を克服するまでのエピソードを描いた映画『英国王のスピーチ』が制作され、世界中で大ヒットを記録した。

■エリザベス・ボーズ・ライアン

ジョージ6世を公私に渡って支えた王妃。夫と同じく国民からの人気は高かった。

column 大英帝国の衰退

20世紀に入って2回の大戦を経験したイギリスは、いずれの戦いでも勝利者の側に立つことができた。しかし、その代償として戦費による膨大な対外債務を抱えることになり、かつて大英帝国と呼ばれた大帝国の解体は時間の問題となっていた。植民地が独立に向かう流れはもはや止めようがなく、1947年にはインド（独立後インドとパキスタンに分裂）、1948年にはビルマ（現ミャンマー）とパレスチナ、1949年にはアイルランドが独立していく。この過程でジョージ6世はヴィクトリア女王以来イギリス国王が保持していたインド皇帝の称号を失っている。ジョージ6世の死後も植民地の独立が止まることはなく、1997年の香港の中国への返還をもって、イギリスは主要な植民地をすべて失った。

■マハトマ・ガンディー

インドの独立運動の中心となった人物。インド独立の父と呼ばれる。

■ジョージ6世以降に独立した主な自治領

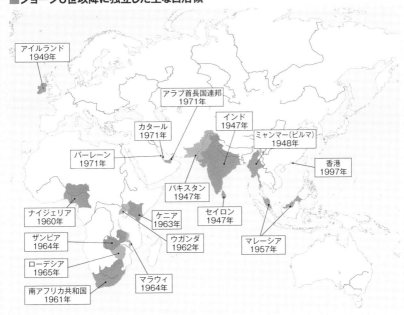

アイルランド
1949年

アラブ首長国連邦
1971年

カタール
1971年

インド
1947年

ミャンマー（ビルマ）
1948年

バーレーン
1971年

香港
1997年

パキスタン
1947年

ナイジェリア
1960年

ケニア
1963年

セイロン
1947年

ザンビア
1964年

ウガンダ
1962年

マレーシア
1957年

ローデシア
1965年

マラウィ
1964年

南アフリカ共和国
1961年

第2章　ウィンザー朝

201

エリザベス2世
Elizabeth II

生没年
1926年4月21日〜
2022年9月8日

在位
1952年2月6日〜
2022年9月8日

両親や祖父母の愛情に包まれ健やかに成長

■将来の女王として恵まれた教育を受ける

　エリザベス2世はイギリス王室の女王。ウィンザー朝としては第4代の王となる。フルネームはエリザベス・アレクサンドラ・メアリー。

　エリザベス2世の父はヨーク公爵アルバート王子（ジョージ6世）、母はストラスモア伯爵の娘エリザベス・ボーズ・ライアン。エリザベスは両親にとって初めての子で、彼女の誕生から4年後の1930年には妹のマーガレットも産まれているが、子どもはこのふたりだけで男子が産まれることはなかった。祖父母のジョージ5世とメアリー王妃は初孫のエリザベスを非常にかわいがったといわれ、芸術に理解のあるメアリーがエリザベスを連れてロンドンの美術館に出かけたこともあったという。

　エリザベスの養育は、乳母たちと家庭教師マリオン・クロフォードが担当した。マリオンは歴史や言語、文学、音楽といった一般的な教育を行うほかに、バッキンガム宮殿にガールスカウトの支部をもうけて子どもたちを招き、エリザベスが同世代の子

どもたちと会話したり遊んだりする機会を作った。また、エリザベスと地下鉄に乗車したり動物園に行ったりと、彼女にさまざまな世界を見せることにも注力した。

　1936年12月に父アルバートがジョージ6世として即位すると、長子であるエリザベスは王位継承権1位の存在となる。その後、第二次世界大戦が始まるとエリザベスは看護師になることを希望したが、父に反対されたため近衛歩兵隊の名誉連隊長となり、後方支援で力を尽くした。

■王女時代のエリザベス

王女時代のエリザベスの肖像画。幼少時のエリザベスは家族にリリベットの愛称で呼ばれていた。

第二次世界大戦後、世界の国々の多くはアメリカを中心とする資本主義・自由主義を掲げるグループと、ソビエト連邦を中心とする共産主義・社会主義を掲げるグループのどちらかに属し、世界を二分する対立構造を構成するようになった。

対立の最前線となったのはヨーロッパで、東ヨーロッパに共産主義・社会主義陣営が多く、西ヨーロッパに資本主義・自由主義陣営が集まっていたことから、前者を「東側」、後者を「西側」と呼んだ。

東側の盟主ソビエト連邦と西側の盟主アメリカの関係は冷え込んだが、戦争で直接軍事力をぶつけあう事態にはならなかったため「冷たい戦争」と称され、これが略されて「冷戦」という言葉が生まれた。

イギリスは資本主義・自由主義陣営の一員となり、アメリカを中心とした新しい世界秩序の枠組み構築に協力した。また、並行してヨーロッパの西側諸国による共同体の構築にも力を注いだ。

冷戦の終わりが見え始めたのは1985年ごろのこと。ソビエト連邦の共産党書記長ミハイル・ゴルバチョフが国内の改革を行い、西側との関係改善を志したことがそのきっかけとなった。以後、東側と西側は急速に距離を縮めていき、1987年にはソビエト連邦とアメリカのあいだに中距離核戦力全廃条約が締結され、核兵器をめぐる緊張が大幅に緩和される。そして1989年には東西冷戦の象徴といわれたベルリンの壁が市民の手によって壊され、東ヨーロッパの共産主義国家では次々に革命が勃発。こうした事態を受け、同年12月にはゴルバチョフとアメリカ大統領ブッシュの会談が実現し、共同声明により冷戦の終結が告げられた。

第2章 ウィンザー朝

■冷戦によって分断されたヨーロッパ

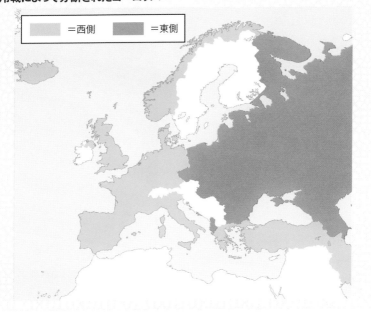

=西側　　=東側

現代の女王として

■栄光に包まれた若き王女の誕生

終戦後の1947年4月、父ジョージ6世とともに初めて外遊に出たエリザベスは、訪問先のケープタウンで21歳の誕生日を迎えた。このとき彼女はラジオを通して「全生涯を国家のために捧げる決意である」とイギリス国民に向けて宣言し、多くの人々の敬愛を集めた。そして同年の7月9日にはかねてより交際していたギリシャの王族フィリップ・マウントバッテンとの婚約を発表し、11月20日に結婚した。その翌年、ふたりのあいだには長男のチャールズが、1950年には長女のアンが生まれ、その後もアンドルーとエドワードの2子に恵まれた。

こうしてエリザベスが幸福な家庭を築いていく一方で、もともと病弱だった父ジョージ6世の健康状態は徐々に悪化していった。そして1952年、エリザベスが公務のためイギリスを離れてケニアに滞在しているとき、ついにジョージ6世は肺ガンのため他界した。これによりエリザベスは女王エリザベス2世として即位。若干26歳の若き女王の誕生は人々に好意的に受けとめられ、多くの祝福を受けた。

■開かれた王室の実現を目指して

エリザベス2世はイギリス各地や他国への訪問を頻繁に行ったほか、クリスマスメッセージをテレビで発信したり、私生活を放送したりと、これまでの王室とは異なるアプローチで積極的に国民と交流する機会をもうけた。こうした活動が身を結び、現在のイギリス王室には「親しみのもてる王室」というイメージが定着している。

2022年、96歳を迎えたエリザベス2世はノルマン朝以来、最高齢のイギリス君主として自ら記録を更新。同年6月には在位70周年を記念した公式祝賀行事も催され、ロイヤルファミリーとともに元気な姿を国民たちに披露していた。しかし、それから3カ月後の9月8日、静養先のスコットランドで老衰により崩御。世界中の人々に見守られる中、フィリップ王配の眠るウィンザー城の聖堂内に埋葬された。

■エリザベス2世

現イギリス女王。激動の20世紀を乗り切り、時代の変遷にあわせた王室のスタイルを構築した。

複数国家の女王・元首としての一面

エリザベス2世はイギリスの女王であるだけでなく、英連邦に属する国家の君主としての顔をもっている。2021年現在、英連邦に加盟している国家は54ヵ国あるが、そのうちエリザベス2世が元首であるのは、右表の16カ国。必要があればエリザベス2世はこれらの国家元首として活動することもある。

身近な実例としては、オリンピックの開会宣言があげられる。開会宣言は開催国の国家元首が行う決まりになっており、英連邦に属する国家ではその役割は女王のものとなるのだ。しかし、英連邦諸国の事実上の国家元首は現地の総督であるため、女王ではなく総督がこの役目をこなしても問題は発生しない。たとえば1976年にカナダでモントリオールオリンピックが開催された際にはエリザベス女王が開会宣言を行ったが、同じカナダで開催された1988年の

カルガリーオリンピックの際にはカナダ総督が開会宣言を行っている。

■エリザベスを元首とする英連邦所属国

イギリス
アンティグア・バーブーダ
オーストラリア
バハマ
バルバドス
ベリーズ
カナダ
グレナダ
ジャマイカ
ニュージーランド
パプアニューギニア
セントクリストファー・ネイビス
セントルシア
セントビンセント・グレナディーン
ソロモン諸島
ツバル

---

column **私生活でのエピソード**

エリザベス2世は動物好きで、愛犬家であることがよく知られている。特に好んでいる犬種はウェルシュ・コーギー・ペンブローグ。王女時代に父ジョージ6世が彼女の遊び相手としてスーザンという名のコーギーをプレゼントしたことが、この犬種を好むきっかけになったといわれている。現在でも数頭のコーギーを飼育しており、国内で旅行をする際には可能であれば犬たちも同行するという。

また、これも動物好きの影響なのか、エリザベス2世は競馬のパトロンとしても有名で、イギリスの競馬界は国立牧場の移転

をはじめ、女王によって多くの恩恵を受けている。馬主としても成功しており、クラシック競争(伝統がある格式の高いレース)の優勝馬を4頭所有したほか、1954年と1957年にはイギリスの馬主のなかで獲得賞金額のトップにも輝いた。エリザベス2世と競馬界の関係は海外でもよく知られており、日本のエリザベス女王杯をはじめ、アメリカのクイーンエリザベス2世チャレンジカップステークスや香港のクイーンエリザベス2世カップなど、世界各地に女王に敬意を表してエリザベス2世の名を冠したレースが存在している。

フィリップ
Prince Philip Duke of Edinburgh

生没年
1921年6月10日～
2021年4月9日

在位
なし

激動の少年時代を過ごした女王の配偶者

■母国を捨てイギリス王家の一員に

　フィリップ王配は現イギリス女王エリザベス2世の配偶者。爵位を含めた名前はエジンバラ公フィリップ王配となる。ほかにメリオネス伯爵とグリニッジ男爵の爵位も有しているが、新聞やテレビなどの報道で本人が紹介される場合には、単にフィリップ殿下と呼ばれることが多い。

　フィリップの父はギリシャ王国の王族アンドレオス王子で、母はドイツ系の貴族バッテンバーグ家出身のアリス。両親のあいだにはそれまで4人の女子が産まれており、男子はフィリップが初めてであった。

　フィリップの少年時代は安寧とは縁の遠いもので、生後1年でギリシャでは軍によるクーデターが勃発。当時の国王は退位に追い込まれ、父アンドレオスも死刑宣告を受ける。幸い一家はイギリス国王ジョージ5世が派遣した軍艦でパリへと亡命するが、父は愛人を作って家を空けることが多く、母はその心労で入院してしまう。やがて4人の姉も結婚して家を出てしまったため、フィリップはイギリスにいた祖母の世

話になり、海軍兵学校へと進学した。

　兵学校卒業後は海軍に入隊し、第二次世界大戦に従軍。戦後はイギリスに帰化し、兵学校時代に知りあったイギリス国王ジョージ6世の娘エリザベスと1947年11月20日に結婚した。その後もフィリップは軍務を続けていたが、1952年にジョージ6世が他界して妻のエリザベス2世が即位することに伴い軍を退役。以後は女王の配偶者として公務に出席したり、さまざまな団体を支援するといった活動に従事している。

■フィリップ王配

晩年まで精力的に公務をこなしていたが、2017年に引退。2021年、99歳で他界した。

column | 4人の子女の略歴

フィリップ王配とエリザベス2世のあいだには、3男1女が産まれている。

第1子のプリンス・オブ・ウェールズは1948年11月14日生まれ。2014年現在イギリス王室の王位継承権第1位の人物で、日本ではチャールズ皇太子という呼び名の方が馴染み深い。

第2子のプリンセス・ロイヤル・アンは1950年8月15日に誕生。乗馬が得意で21歳のときにヨーロッパ馬術選手権大会で優勝し、1976年にはモントリオールオリンピックのイギリス代表にも選出された。1973年11月14日に陸軍少尉のマーク・フィリップスと結婚して1男1女に恵まれるが、1992年に離婚。同年に海軍中佐のティモシー・ローレンスと再婚した。

第3子のヨーク公爵アンドルー王子は1960年2月19日に産まれた。成長したアンドルーは海軍に入隊し、1982年にフォークランド紛争が勃発すると王族でありながら航空母艦に乗艦して紛争終了まで前線で活動し続けた。終戦後、1986年7月23日に陸軍大佐の娘セーラ・ファーガソンと結婚して2女を授かったが、1996年に離婚した。

第4子のウェセックス伯爵エドワード王子は1964年3月10日生まれ。兄と同じくイギリス海軍の士官となるが、1987年に除隊。1999年にソフィー・ヘレン・リース＝ジョーンズと結婚し、1男1女をもうけている。4兄弟のなかで唯一、離婚歴のない人物でもある。

column | フィリップ王配の発言の数々

フィリップ王配は公式な場でも歯に衣着せず、率直な発言をすることで知られている。こうした発言は王族ならではのジョークと捉えられることもあるが、ときには相手を唖然とさせ、周囲の人間がハラハラするような失言となることもある。ここではそんなフィリップ王配の発したユニークな発言を紹介していこう。

なお、イギリスでは2012年のエリザベス2世とフィリップ王配の結婚65周年にあわせ、フィリップ王配のこれまでの発言をまとめた書籍『Prince Philip: Wise Words and Golden Gaffes』が発売されている。残念ながら日本語訳はされていないが、英語力に自信のある人は一度手に取ってみてはいかがだろうか。

●**フィリップ王配のユニークな発言集**

「どこでその帽子を手に入れたんだい？」
→1953年、エリザベス2世の戴冠式で女王に。
「ベッドにいく準備は整ったようですね」
→1956年、ローブ姿のナイジェリア大統領に。
「英国人女性は料理ができない」
→1966年、スコットランド女子学会での発言。
「あなたたちは女性ですか？」
→1984年、ケニアで現地女性への質問。
「病気にかかるかもしれないじゃないか」
→1992年、コアラをなでるように頼まれて。
「ビールをもってきてくれ、ビールだ」
→2000年、ローマで最高級のワインを前に。
「少し痩せてからだね」
→2001年、宇宙飛行士に憧れる肥満ぎみの少年に対して。

チャールズ3世
Charles Ⅲ

国王になるべく英才教育を受ける

第2章 ウィンザー朝

■苦労を重ねながらも学位を修得

　チャールズ3世はエリザベス2世（当時はエリザベス王女）とエジンバラ公フィリップのあいだに生まれた第1子で、2022年9月、ウィンザー朝の第5代国王として即位した。フルネームはチャールズ・フィリップ・アーサー・ジョージ。

　チャールズが誕生したのは1948年11月14日。まだ幼い時期に母エリザベスは女王に即位して多忙な身となったため、チャールズの養育は主に乳母たちによって行われた。このことはチャールズの記憶に強い印象を与えており、成人してからも退職した乳母のもとを訪ねたり、式典に招いたりと深い感謝と親愛の情を示している。

　チャールズの教育方針には、主に父フィリップの意向が強く反映された。フィリップは将来国王となる身にふさわしい教育を受けさせるため、自らが通ったスコットランドの名門ゴードンストン・スクールの寄宿舎に息子を通わせた。しかし、チャールズは同校に馴染めず、当時家族に宛てて書いた手紙には学生たちの粗暴な振る舞いについての不平が綴られている。また、のちにチャールズはゴードンストン在籍時代を「懲役判決」と評しており、かなりの不満に満ちた学生生活であったようだ。

　それでもチャールズはゴードンストンで優秀な成績を収め、卒業後はケンブリッジ大学トリニティ・カレッジに進学。大学では考古学と人類学、歴史学を学び、ウェールズ語を学ぶためにウェールズ大学にも通う多忙な日々を過ごした。この結果、チャールズはイギリスの王位継承者としては初めて大学の学位を取得した人物となる。

■チャールズ3世

70年にわたり「開かれた王室」の実現に尽力した母エリザベスの意思をどう継承していくのか注目が集まる。

© Maximus0970 Prince Charles 2012

不倫関係の末に破局を迎え新たなパートナーを得る

■世紀の結婚と祝福されたが……

チャールズが結婚したのは1981年のこと。花嫁は第8代スペンサー伯爵の娘ダイアナだった。イギリス王室のプリンスと若く美しい貴族令嬢の結婚は世紀のロイヤルウェディングといわれ、国内だけでなく世界中の注目を集め、多くの人々に祝福された。しかし、チャールズは結婚後も以前から交際していた年上の人妻カミラ・パーカー・ボウルズとの不倫関係を続け、ダイアナ妃も夫以外の男性と関係するようになった。1982年にはウィリアム、1984年にはヘンリーと夫婦のあいだにはふたりの男子が誕生したが夫婦間の関係は冷え込む一方で、1996年についにチャールズとダイアナ妃は離婚した。ダイアナはその1年後、パリで交通事故死する。

ダイアナ元妃の死後、チャールズの心の拠り所はカミラだけとなった。この時期、カミラはすでに前夫と離婚しており、同じく独身のチャールズとの交際を阻むものはなくなっていた。チャールズは公式行事にもカミラを伴って出席するようになり、2005年4月9日に正式に結婚した。

---

column　チャールズとカミラの関係

チャールズとカミラが出会ったのは1972年ごろ。この時期カミラは陸軍大尉のアンドルー・パーカー・ボウルズと交際しており、チャールズもカミラを愛するようになったが、求婚が遅れたためカミラはアンドルーと結婚してしまう。しかし、結婚後もカミラとチャールズの関係は続き、1981年にチャールズがダイアナ妃と結婚したあとも関係が切れることはなかった。結果的にこの関係がチャールズとダイアナを破局に導く大きな引き金となった。

ウィリアム王子とヘンリー王子の兄弟にとって、カミラは家庭を崩壊させた原因そのものともいえる。しかし、王子とカミラが険悪な関係であることを匂わせる報道はなく、ふたりの王子は父の後妻を好意的に迎え入れているようだ。

■カミラ夫人

30年以上の交際を経て結婚し、チャールズの新パートナーとして活動中。

ダイアナ
Diana Princess of Wales

生没年
1961年7月1日～
1997年8月31日

在位
なし

不幸な家庭環境ながら明るい少女に育つ

■姉の紹介で将来の夫に出会う

　ダイアナは王太子チャールズの最初の妻で、ウィリアム王子とヘンリー王子の母として知られる。フルネームはダイアナ・フランセス。

　ダイアナはオールトラップ子爵エドワード・ジョン・スペンサーとフランセス夫人のあいだに産まれた第4子。セーラとジェーンというふたりの姉のほかに生後すぐに亡くなった兄がおり、のちに弟チャールズも生まれる。スペンサー家は18世紀にジョージ3世によってスペンサー伯爵に叙せられたジョン・スペンサーを祖とする家格の高い貴族で、何代にも渡って政治家や軍人を輩出してきた名門である。だが、不幸なことに両親の仲はあまり良好ではなく、1967年から夫婦は別居を始め、1969年に離婚が成立。ダイアナを含む4人の子どもたちはすべて父方に引き取られた。父エドワードはのちに再婚するが、子どもたちはいずれも新しい母親には馴染めなかったといわれる。少女時代のダイアナは成績はあまりよくなかったが、スポーツ万能で快活な性格だったため多くの友人がいたらしい。

　のちに夫となるチャールズと最初に出会ったのは1977年のこと。このころ、チャールズはダイアナの姉セーラと交際しており、姉がチャールズを実家に招いた際に、ちょうど居あわせたダイアナを紹介したことが初めての出会いとなった。しかし、チャールズにとってダイアナは恋人の妹でしかなく、ダイアナも特にチャールズを意識することはなかった。なお、チャールズとセーラの交際は長く続かず、翌年には疎遠になっていったようだ。

■ダイアナ妃

名門スペンサー家の令嬢。イギリス王太子の花嫁の座を射止めたが、結婚生活は不幸なものだった。

運命を変えたパーティでの出会い

■2年の交際期間を経て結婚へ

　1977年、勉強が苦手だったダイアナは進学を諦め、スイスにある花嫁になるための教育を行う学校に入る。しかし、この学校での生活はあまり楽しいものではなかったのか、ダイアナはわずか6カ月でイギリスに戻ってしまった。その後、彼女は母に頼み込んでロンドンでひとり暮らしを始め料理学校やダンス学校に通ったが、いずれも長続きはしなかった。

　そんな彼女の転機となったのは、1979年にサンドリンガム邸で開かれたパーティだった。ふたりの姉とともにパーティに招かれたダイアナは、ここでチャールズと運命的な再会をするのである。チャールズは以前より遥かに美しくなっていたダイアナに心を惹かれ、以後度々彼女を誘って交流を楽しむようになった。

　ふたりの交際は順調に続き、やがてチャールズはダイアナとの結婚を考えるようになる。1981年2月6日にチャールズはダイアナに求婚し、ダイアナもこれを了承。同年の2月24日、ふたりの婚約が発表され、イギリスは祝賀ムードに包まれた。

---

column　ファッションリーダーとしても活躍

　王太子の花嫁となったダイアナは若く美しい魅力的な女性で、たちまち多くの人々の心を虜にした。当時の女性たちのなかにはダイアナの美しさにあやかろうと真似をする者も多く、ショートヘアの「ダイアナ・カット」が流行した。

　ダイアナ自身も自分の影響力をよく理解しており、美しく見えるようにファッションには特別に気を遣っていた。王室の一員である彼女は基本的にはイギリス発祥のブランドを愛用したが、プライベートではフランスのシャネルやドイツのエスカーダなど、外国のブランドも利用していた。

　ダイアナのファッションセンスは王室の女性たちにも影響を与え、それまで地味な服装だった彼女たちはダイアナと同じようにおしゃれを楽しむようになったという。

■ジョン・トラボルタと踊るダイアナ

常識にとらわれないのもダイアナのファッションの特徴。祝賀の席に黒いドレスで現れたことも。

結婚生活の破綻と突然の死

■夫の不貞が家庭を崩壊に導く

　チャールズとダイアナの結婚式は1981年7月29日にセント・ポール寺院で行われた。イギリス王室のプリンスと美しい花嫁の結婚は多くの国民に熱狂的に祝福され、イギリス全土が祝賀ムードに包まれた。

　ふたりのあいだには1982年6月にウィリアム王子、1984年9月にはヘンリー王子が産まれ、結婚生活は順風満帆かと思われた。しかし、チャールズは結婚以前から人妻であるカミラ・パーカー・ボールズと不倫関係を続けていた。チャールズは息子たちをとても可愛がったが、ダイアナに対する愛情は早い段階で冷めていたのである。やがてダイアナも不実な夫への腹いせをするかのように、チャールズ以外の男性と関係をもつようになった。のちにダイアナに行われたインタビューで、騎兵隊のジェー

ムズ・ヒューイットと不倫関係にあったと告白している。

　こうしてチャールズとダイアナの結婚生活は完全に破綻。1992年から夫婦は別居状態になり、1996年8月28日に離婚が成立したのだった。

　その後、ダイアナはパキスタン人の外科医ハスナット・カーンや、エジプト人の大富豪の息子ドディ・アルファイドと交友関係をもつ。マスコミ各社は彼らをダイアナの新恋人として追いかけ始め、スクープを求めて報道は過熱していった。結果的にこれがダイアナの命を奪うことにつながる。1997年8月30日、ドディと行動をともにしていたダイアナはドライブ中に大事故に遭い、36歳の若さで生涯を閉じた。事故の原因は、マスコミの車を振り切るためにスピードを出しすぎたせいだったという。

■ダイアナの王室国民葬

1997年9月6日、ダイアナは準国葬に該当する王室国民葬で見送られた。葬列は多くの市民に見守られ、皆が哀悼の意を示した。

慈善活動に注がれた情熱

ダイアナは学生時代から慈善活動に従事した経験があり、結婚後も精力的にさまざまな慈善活動に取り組む姿が報道された。特に関心が強かったのはエイズ患者や麻薬・アルコール中毒患者に関する問題で、そうした患者たちの救済団体に財政支援を行い、自らも患者と触れあうことで彼らに対する偏見をなくそうと試みた。

離婚成立後のダイアナはますます慈善活動に情熱を傾けるようになり、1997年にはアンゴラを訪問して地雷除去作業地を自分の足で歩いて地雷廃絶を訴えた。元王妃の勇気ある行動はイギリス国内のみならずアメリカの政権にも影響を与え、同年の9月に対人地雷禁止条約が締結されたことでもいくらかの後押しになったといわれる。

■国際的慈善活動に熱心だったダイアナ

1996年にアメリカで「今年の人道主義者」に選出される。1997年には、ホワイトハウスで大統領夫人ヒラリー・クリントンとも会見。

事故死につきまとう陰謀説

ダイアナの事故死については犠牲者が非常に大物であることや、事故そのものの目撃者が少なく目撃証言が十分でないことなどから、事故当初からさまざまな陰謀論が取りざたされてきた。そのなかでも特に有名なのが、イギリス政府がダイアナを暗殺したという説だ。当時ダイアナはイスラム教徒のドディ・アルファイドと交際しており、仮に彼と再婚した場合にはイスラム教に改宗する可能性が考えられた。しかし、将来高い可能性でイギリス国王となる人物の元妻・母親がイスラム教徒となる事態は、イギリス国王を首長とする英国国教会にとっては許しがたい失点となるため、暗殺を決意したというのだ。また、ダイアナがドディの子を妊娠することで、アルファイド一族がイギリス王室の外戚となることを危惧して暗殺に踏み切ったという説もある。ドディの父モハメド・アルファイドは老舗の百貨店や高級ホテル、プロサッカーチームなどを所有する億万長者だが、母のサミラは悪名高い武器商人の妹で、何かと黒いうわさが耐えない一族だったのだ。

上記の説の出所は、当時航空機爆破事件をめぐってイギリス政府と対立関係にあったリビア政府だという。モハメド・アルファイドもこれに賛同したため騒ぎは大きくなり、一時はイギリス国内のマスコミまでが陰謀説を論じるようになる。しかし、その後10年に及ぶ徹底的な調査によって事故の原因は明らかになっていき、現在では上記の陰謀説は完全に否定されている。

第2章 ウィンザー朝

ウィリアム
Prince of Wales

王室の後継者として順調に成長

■庶民に近い教育を受けた新しい王室の顔

ウィリアムはウェールズ公チャールズとダイアナ妃の第1子。フルネームはウィリアム・アーサー・フィリップ・ルイス・マウントバッテン・ウィンザー。

少年時代のウィリアムは「息子を普通の子どものように育てたい」という母ダイアナ妃の意向もあり、ロンドン市内の保育所、幼稚園を経てバークシャーにあるルドグローブ小学校に進学し、一般の生徒たちに混じって学生生活を送った。それまでイギリス王族の幼少時の教育は乳母や家庭教師によって行われており、ウィリアムは小学校に通った初の王族である。幼稚園への通園の際にはダイアナ妃が自ら送り迎えを行い、弟のヘンリーを含めた母子3人でマクドナルドを訪れて食事をするなど、ウィリアムが家族と庶民的な生活を楽しむ姿は度々報道されていた。

小学校卒業後はパブリックスクールの名門イートン校に入学。大学はスコットランドのセント・アンドルーズ大学を選び、美術史と地理学を学んだ。その後、2005年に大学を卒業すると、翌年にはサンドハースト王立陸軍士官学校に入学。士官候補生としての教育を受け、卒業後は陸軍少尉に任官されて近衛騎兵連隊に配属された。

2011年には学生時代から交際していたキャサリン・ミドルトンと結婚。さらに2013年7月22日には待望の第1王子ジョージが誕生し、国内外から盛大な祝福を受けている。

軍務は7年に渡って続いていたが、2013年9月10日付けで退役。今後は公務やボランティアでの活動が期待されている。

■ウィリアム

スキャンダルが少なくメディアからは快活な人物像が伝えられるため、国民からの人気は高い。

© Sir James 2010 Prince William of Wales RAF

column　ロイヤルウェディングと後継者の誕生

　2011年4月29日、ロンドンのウェストミンスター寺院でウィリアムとキャサリン・ミドルトンの婚礼が執り行われた。

　花嫁のキャサリンは1982年1月9日生まれで、裕福ではあるが一般階級の出身。イギリス王室が一般階級出身の花嫁を迎えるのは1660年のジェームズ2世とアン・ハイドの結婚以来のことで、じつに351年ぶりの出来事であった。キャサリンがウィリアムと出会ったのは、ふたりがセント・アンドルーズ大学に在学中の2001年のことだったといわれている。

　交際のきっかけは大学内で行われたファッションショーにモデルとして出演したキャサリンに、ウィリアムが一目惚れしたことだという。ふたりの交際は順調に続いたが、次第に報道が過熱化してきたため、2007年ごろに報道規制がかけられた。その後、破局報道や復縁報道などが大衆紙の紙面を賑わすこともあったが、2010年10月にふたりは婚約。同年の11月16日に王室から正式発表が行われた。婚約に際してウィリアムがキャサリンに贈った指輪は、故ダイアナ元妃のものだった。

　婚礼の様子は英連邦の国々や日本をはじめとする世界中に中継された。この婚礼をかつて世紀のロイヤルウェディングと称えられたウィリアムの両親チャールズ王太子とダイアナ・スペンサーの婚礼に重ねあわせて報道する報道機関も多く、多数の人々の共感を呼んだ。婚礼当日、バッキンガム宮殿の前には100万人が列を作ってふたりを祝福し、世界中で数千万人の人々が生中継で婚礼の様子を見守ったという。

　王室に関する明るいニュースはこのあとも続き、婚礼から1年後の2012年12月にはキャサリン妃懐妊の発表、翌2013年7月22日にはキャサリン妃が無事に男子を出産する。子どもはジョージと名づけられ、世界中から誕生を祝福するメッセージが寄せられるなど、希望に満ちた王室の将来を象徴する存在となっている。

第2章　ウィンザー朝

■ウィリアムとキャサリン妃の婚礼

© Quibik　2011　William and Kate wedding

一般階級出身の王妃の誕生は、現代のシンデレラストーリーとして大きな注目を集めた。

■ジョージ・オブ・ケンブリッジ

キャサリン妃に抱かれる第1子のジョージ。父ウィリアムに次ぐ第2位の王位継承権を有する。

ヘンリー

Prince Henry

生没年
1984年9月15日〜

在位
なし

自由奔放に育ったやんちゃな次男

■**スキャンダルの多いアイドル王子**

ヘンリーはウェールズ公チャールズとダイアナ妃の第2子。誕生時、王位継承権は兄ウィリアムに次ぐ第3位だったが、ウィリアムの第3子ルイの誕生、父チャールズの即位により第5位となる。

母ダイアナ妃の教育方針のもと、ヘンリーは兄と同じく一般の子どもたちが通う小学校で教育を受け、名門イートン校へと進学する。しかし、大学には進学せず、卒業後はオーストラリアの牧場やアフリカ・レソトの孤児院で奉仕活動などに従事した。そして2005年、兄に先駆けてサンドハースト王立陸軍士官学校に入学。翌年卒業して近衛騎兵連隊に配属された。

軍隊に配属後は王族でありながら実際に前線で軍務に関わることもあり、2007年からはアフガニスタンで活動。陸軍大尉として2015年に除隊している。

優等生的な存在である兄ウィリアムとくらべ、ヘンリーはこれまで多くのスキャンダルを起こしてきたことが知られている。喫煙や飲酒を始めたのは11歳ごろと

いわれ、14歳でアルコール依存症を発症。2002年にはマリファナの吸引問題を起こした。また、2005年には仮装パーティにナチス・ドイツの制服で出席したことが報道され、多くの非難を浴びた。なお、この件は弟の行動を抑制できなかったとして兄ウィリアムにも飛び火している。

しかし、こうした数々の問題行動がありながら、ヘンリー自身は陽気で快活な人柄で、国民からは愛される存在である。

■**ヘンリー**

2012年には全裸写真が撮影されるなど、相変わらずお騒がせな存在であるが、国民の人気は高い。

© Surtsicna 2013 Prince Harry in the US

第2章 ウィンザー朝

人生を変えた兄ウィリアムの助言

■ "母の死" と向きあい自身を取り戻す

　度重なるスキャンダルにより、すっかり「王室のトラブルメイカー」というイメージが定着してしまったヘンリー。連日ゴシップ誌に面白おかしく書き立てられる彼の様子を見かねた兄ウィリアムは、カウンセリングを受けてはどうかと提案する。この兄の助言により自分自身を見つめ直す機会を得たヘンリーは、それから2年以上の歳月を費やし、ようやく「あるべき自分」を取り戻すことに成功する。その過程で長年避け続けてきた "母の死" とも向きあう

ことができたという。

　健全な私生活と王子としての公務、そして母ダイアナの遺志を継ぐチャリティ活動への参加と、自身が取り組むべき目標をみつけたヘンリーに、新たな人生の転機が訪れる。それが女優レイチェル・メーガン・マークルとの出会いだった。ヘンリーの一目惚れで始まったふたりの交際は瞬く間にうわさとなり、ほどなく王室はふたりの交際を認める。2017年11月、ヘンリーとメーガンの婚約が正式に発表されると、イギリス中が祝賀ムードに包まれた。

---

column　初めてづくしのロイヤルウェディング

　王室による婚約発表からおよそ半年後の2018年5月19日、ウィンザー城のセントジョージ礼拝堂でヘンリーとメーガン・マークルの結婚式が執り行われた。

　キャサリン妃に続いて民間からの輿入れとなったメーガンは、1981年8月4日生まれの36歳(当時)。過去にも離婚歴のある花嫁は存在したが、加えて彼女の場合は母がアフリカ系のルーツをもつアメリカ人で、しかも自身は現役女優として米国で活動中と、王室にとってはまさに異例中の異例。過去に例のないロイヤルウェディングに英国民は熱狂した。

　婚礼の様子はCNNの特別中継番組を通じて世界中へ報じられたほか、ウィンザー城周辺にはふたりを祝福するため、10万人を超える大観衆が詰めかけたという。

■ ヘンリーとメーガン妃の婚礼

「王室一のやんちゃ坊主」の結婚は、2018年を代表するトップニュースとして全世界で報じられた。

写真：WPA Pool/Getty Images

217

長男・長女が誕生、そして王室離脱へ

不名誉なレッテルに悩まされた青年期とは一転、生涯のパートナーを得たヘンリーにさらなる喜びが訪れる。婚礼からちょうど1年後の2019年5月6日、第1子で長男のアーチーが誕生。さらに2年後の2021年6月4日には長女のリリベットも生まれ、ふたりの子宝に恵まれたのだ。ウィリアム夫妻に次ぐ、新たな王室の後継者誕生に英国民は大いに湧き、世界中から祝福の声が寄せられた。しかし、ふたりの子どもたちは王位継承権こそ有しているが、「王子」「王女」の称号は未だ与えられておらず、ヘンリー夫妻はこうした扱いに対し、少なからず不満を抱いているようだ。

また、ヘンリーは2020年1月にSNSを通じて、「主要王族の立場から引退する」と電撃発表。同時に、家族とともにアメリカへの移住を決めたことや、経済的に自立するためメーガンが仕事に復帰することなどもあわせて発表し、世界中をアッと驚かせた。この出来事の背景としてメーガンの出自や離婚歴、職業などに関して王室内でさまざまなハラスメントがあったともうわ

さされたが、真相は明かされていない。

衝撃の発表から1カ月後、ヘンリー夫妻の公務引退が王室より公表され、同年3月30日をもってヘンリー一家は正式に英国王室を離れることとなった。

■王室を離れ、一家でアメリカへ

まさに幸せの絶頂と思われたヘンリー一家だが、その裏では王室との確執もうわさされていた。

写真：WPA Pool/Getty Images

第2章　ウィンザー朝

218

第3章
施設と年表

主な王室関連施設

イギリス国内には城や宮殿、大聖堂など、数多くの王室ゆかりの施設が存在する。ここではそのうち代表的なものをいくつか紹介する。20〜28ページでも4つ紹介しているので、そちらも参照してほしい。

■イギリス王室関連施設
　所在地図

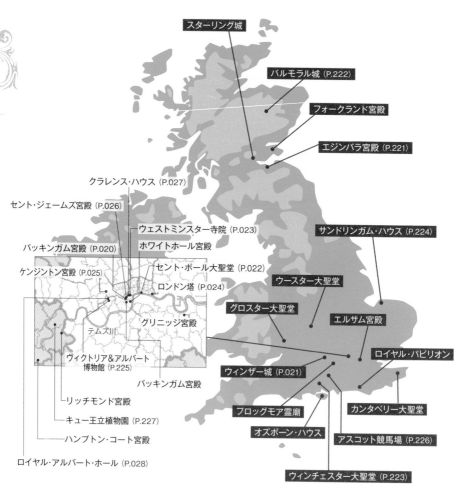

スターリング城

バルモラル城 (P.222)

フォークランド宮殿

エジンバラ宮殿 (P.221)

クラレンス・ハウス (P.027)

セント・ジェームズ宮殿 (P.026)

ウェストミンスター寺院 (P.023)

サンドリンガム・ハウス (P.224)

バッキンガム宮殿 (P.020)

ホワイトホール宮殿

ケンジントン宮殿 (P.025)

セント・ポール大聖堂 (P.022)

ウースター大聖堂

ロンドン塔 (P.024)

グロスター大聖堂

グリニッジ宮殿

エルサム宮殿

テムズ川

ヴィクトリア&アルバート
博物館 (P.225)

ロイヤル・パビリオン

バッキンガム宮殿

ウィンザー城 (P.021)

リッチモンド宮殿

カンタベリー大聖堂

キュー王立植物園 (P.227)

フロッグモア霊廟

ハンプトン・コート宮殿

オズボーン・ハウス

アスコット競馬場 (P.226)

ロイヤル・アルバート・ホール (P.028)

ウィンチェスター大聖堂 (P.223)

■エジンバラ宮殿

イギリス北部、スコットランドの首都エジンバラにある宮殿。正式名称は「ホリールードハウス宮殿」で、元はスコットランド王デイヴィット1世が建てた寺院だったが、1501年にゴシック様式の宮殿へと改築。以後、スコットランド国王の住まいとして使われてきた。1671年から現在の荘厳な宮殿へと建て替えられている。現在は英国王室が所有しており、エリザベス女王の夏の保養地として利用されている。

■バルモラル城

スコットランドの東部アバディンシャーに建つ城。原型は1390年に貴族の住居として建てられ、さまざまな貴族たちのあいだで売買された末、1852年にヴィクトリア女王の王配アルバートが購入した。その後、アルバートによって改装工事が行われ、1856年に工事が完了した。バルモラル城は王室の私的財産のひとつで、エリザベス2世とフィリップ王配の避暑地として利用されている。

■ウィンチェスター大聖堂

イングランド南部のウィンチェスターに建つ、イングランド国教会の大聖堂。全長169mという国内最長の身廊（入口から主祭壇に向かう中央通路の一部）が特徴。最初の建物（オールド・ミンスター）が建設されたのは642年ごろといわれ、1093年まで使われた。現在の大聖堂は1079年に建設が始まり、1093年に完成。20世紀初頭には建物の傷みが問題となり、1905年から1912年にかけて改装工事が行われた。

■サンドリンガム・ハウス

イングランド東部、ノーフォーク州サンドリンガムにある王室所有の邸宅。1862年に
アルバート皇太子（のちのエドワード7世）が別邸として購入し、新婚だったアルバー
ト夫妻の住まいとなった。以来5世代に渡って国王の私邸となり、「イングランドで最
も快適な邸宅」ともいわれた。現在はバルモラル城と同様、王室の私的財産のひとつに
なり、ロイヤルファミリーがクリスマスを過ごすための休養地として利用されている。
写真：Radcliffe/Bauer-Griffin via Getty Images

■ヴィクトリア&アルバート博物館

大英博物館と双璧をなすイギリス屈指のミュージアムのひとつ。1852年に産業博物館として開館し、1857年に現在のサウス・ケンジントンへと移転している。ヴィクトリア女王と夫のアルバート公がその基礎を築いたことから、のちに「ヴィクトリア&アルバート博物館」と改称された。コレクションは絵画や彫刻といった芸術からデザイン、工芸まで多岐に渡り、世界でもトップクラスの質、内容を誇る。館内には世界初のミュージアム併設カフェもあって、芸術に親しみながら食事を楽しむことができる。

■アスコット競馬場

ロンドン市街から西へ数十キロ、ウィンザー城のほど近くにある競馬場がアスコット競馬場だ。英国王室が所有する唯一無二の競馬場として知られ、1711年の創設以来300年に渡り、近代競馬の歴史と血統を紡いできた。毎年6月第3週には王室主催による競馬の祭典「ロイヤルアスコット開催」が行われるほか、欧州競馬最高峰のレースで三大競走のひとつにも数えられる「キングジョージⅥ世＆クイーンエリザベスステークス」の開催地としても有名である。

写真：Alan Crowhurst/Getty Images

■キュー王立植物園

ロンドンの南西部、テムズ川の南岸に広がる非常に広大な植物園。その敷地は東京ドームおよそ30個分に相当する広さで、3〜4万種類もの植物たちが育ち、収集された標本の数は700万種以上と世界最大級の規模を誇る。年間100万人以上が訪れる園内では、伝統的なイングリッシュガーデンのほか、美しいガラス温室や自然豊かな人工湖、日本庭園をはじめとする各国のガーデンスタイルなども楽しむこともできる。市民の憩いの場としてだけではなく、さまざまな植物を研究し、その種子を保存するシードバンクとしての機能も有している。

イギリス王室史略年表

イギリス王朝名	イギリス国王	年	イギリス王室史	世界史	日本史
ノルマン朝	ウィリアム1世	1066	エドワード証聖王没。		
			ハロルド2世即位。		
			ノルマンディ公ウィリアムのイギリス征服。		
			ウィリアム1世即位。ノルマン朝が始まる。		
		1078	ウィリアム1世がロンドン塔の築城を始める。		
		1085	ドゥームズデイ・ブック作成。		
	ウィリアム2世	1087	ウィリアム2世即位。		
		1096		第1回十字軍が始まる。エルサレム王国建設。	
		1099		第1回十字軍が終結。	
	ヘンリー1世	1100	ヘンリー1世即位。		
			ヘンリー1世がマルカム3世の娘マティルダと結婚。		
		1115	スティーヴンがマティルダ・オブ・ブーローニュと結婚。		
		1118	マティルダ没。		
		1121	ヘンリー1世がアデライザ・オブ・ルーヴァンと再婚。		
ブロワ朝	スティーヴン	1135	スティーヴン王即位。ブロワ朝が始まる。		
		1139	スティーヴン王とヘンリー1世の娘マティルダの戦いが始まる。		
		1152	ヘンリー2世がエレアノール・オブ・アキテーヌと結婚。		
プランタジネット朝	ヘンリー2世	1154	ヘンリー2世即位。プランタジネット朝が始まる。		
		1167			平清盛が太政大臣になる。
		1170	カンタベリー大司教トマス・ベケットが暗殺される。		
		1180			源頼朝が伊豆で挙兵。
		1185			壇ノ浦の戦いで源義経が勝利。平氏滅亡。
		1187		サラディンがエルサレム王国を占領。	
	リチャード1世	1189	リチャード1世が即位。		
			ジョンがイザベラ・オブ・グロスターと結婚。		
			リチャード1世が第3回十字軍に参加。		
		1191	リチャード1世がベランガリア・オブ・ナヴァールと結婚。		
			リチャード1世が十字軍遠征でアッコを占領。		

第3章 イギリス王室史略年表

イギリス王朝名	イギリス国王	年	イギリス王室史	世界史	日本史
プランタジネット朝	リチャード1世	1191	リチャード1世が帰国中にオーストリア公の捕虜になる。		
		1192			源頼朝が征夷大将軍に就任。鎌倉幕府を開く。
	ジョン王	1199	ジョン王即位。		
		1200	ジョン王がイザベラ・オブ・アングレームと再婚。		
		1204	ジョン王がフランス国内の領土を喪失する。		
		1215	ジョン王がマグナ・カルタを承認。		
	ヘンリー3世	1216	ヘンリー3世即位。		
		1236	ヘンリー3世がエレアノール・オブ・プロヴァンスと結婚。		
		1254	エドワード1世がエレアノール・オブ・カスティーリャと結婚。		
		1256		神聖ローマ帝国が空位になる（1273年まで）。	
		1265	シモン・ド・モンフォールが議会を開く。		
	エドワード1世	1272	エドワード1世即位。		
		1277	ウェールズ侵攻が始まる。		
		1290	スコットランドとの戦争が始まる。		
		1295	エドワード1世が模範議会を召集。		
			ウェールズ侵攻が終結。		
		1299	エドワード1世がマーガレット・オブ・フランスと再婚。		
	エドワード2世	1307	エドワード2世即位。		
		1308	エドワード2世がイザベラ・オブ・フランスと結婚。		
		1309		ローマ教皇のアヴィニョン捕囚。	
		1314		バノックバーンの戦いでロバート・ブルースが勝利。スコットランド独立。	
	エドワード3世	1327	エドワード3世即位。フランス王位継承を主張する。		
		1328	エドワード3世がフィリッパ・オブ・エノーと結婚。		
		1331			元弘の乱が始まる。
		1333			元弘の乱が終結。鎌倉幕府滅亡。
		1334			建武の新政が始まる。
		1337	英仏百年戦争が始まる。		
		1338			足利尊氏が征夷大将軍に就任。室町幕府を開く。
		1346	クレシーの戦いでフランスに勝利。		

イギリス王朝名	イギリス国王	年	イギリス王室史	世界史	日本史
プランタジネット朝	エドワード3世	1347	カレーを占領。	ヨーロッパでペストが大流行、人口が激減（1350年に収束）。	
		1356	ポワティエの戦いでエドワード黒太子が活躍。		
		1373		イングランド人ジョン・ウィクリフが教会大批判。	
	リチャード2世	1377	リチャード2世即位。		
		1378		教会の大分裂。	
		1381	ワット・タイラーの乱が発生。		
		1382	リチャード2世がアン・オブ・ボヘミアと結婚。		
		1384	ヘンリー4世がメアリー・ド・ブーンと結婚。		
		1392			南北朝合一。
		1394	リチャード2世がイザベラ・オブ・ヴァロアと再婚。		
ランカスター朝	ヘンリー4世	1399	ヘンリー4世即位。ランカスター朝が始まる。		
		1402		ヴィスコンティ家ミラノ公がフィレンツェを攻撃中に死亡。	
		1403	ヘンリー4世がジョアン・オブ・ナヴァールと再婚。		
	ヘンリー5世	1413	ヘンリー5世即位。		
		1414		コンスタンツ公会議。教会の改革運動が始まる。	
		1415	アザンクールの戦いでフランスに勝利。		
		1417		教会の大分裂が終結。教皇がローマに復帰。	
		1419		フス戦争が始まる。	
		1420	ヘンリー5世がキャサリン・オブ・ヴァロワと結婚。		
			トロワ条約締結によりヘンリー5世がフランスの王位継承権を得る。		
	ヘンリー6世	1422	ヘンリー6世即位。		
		1429	オルレアンの戦いでフランスに敗北。	フランス王シャルル7世がジャンヌ・ダルクの助けを受けランスで戴冠。	
		1431		ジャンヌ・ダルクが火刑に処される。	
		1434		メディチ家がフィレンツェを支配。	
		1444	ヘンリー6世がマーガレット・オブ・アンジューと結婚。		
		1453	英仏百年戦争が終結。	東ローマ帝国滅亡。	
		1455	薔薇戦争が始まる。		

イギリス王朝名	イギリス国王	年	イギリス王室史	世界史	日本史
ヨーク朝	エドワード4世	1461	エドワード4世即位。		
		1464	エドワード4世がエリザベス・ウッドヴィルと結婚。		
		1467			応仁の乱が始まる。
		1469		アラゴン王フェルナンドとカスティーリャ女王イザベラがスペイン共同統治。	
ランカスター朝	ヘンリー6世	1470	ヘンリー6世復位。		
ヨーク朝	エドワード4世	1471	エドワード4世復位。		
		1472	リチャード3世がアン・オブ・ウォリックと結婚。		
		1477			応仁の乱が終結。
		1479		スペイン統一。	
	エドワード5世	1483	エドワード5世即位。		
	リチャード3世		リチャード3世即位。		
テューダー朝	ヘンリー7世	1485	ボズワースの戦いでリチャード3世が敗れ、薔薇戦争が終結。		
			ヘンリー7世即位。テューダー朝が始まる。		
		1486	ヘンリー7世がエリザベス・オブ・ヨークと結婚。		
		1492		レコンキスタが終結(開始は718年)。	
				コロンブスがアメリカ大陸に到達。	
		1494		フランス王シャルル8世がナポリ征服。	
				フランスとハプスブルク家の戦争が始まる。	
		1495		ポルトガル王マヌエル1世即位。	
		1497		ヴァスコ・ダ・ガマがリスボン出航。	
		1498		ヴァスコ・ダ・ガマがカリカット到着。	
		1499		神聖ローマ帝国皇帝マクシミリアン1世がスイスの独立を承認。	
		1500		ポルトガル人カブラルがブラジル発見。	
		1501		フィレンツェ人アメリゴ・ヴェスプッチがブラジル探検。	
		1509	ヘンリー8世即位。		
			ヘンリー8世がキャサリン・オブ・アラゴンと結婚。		
		1511		ローマ教皇ユリウス2世が主導し神聖同盟を結成。	

イギリス王朝名	イギリス国王	年	イギリス王室史	世界史	日本史
テューダー朝	ヘンリー7世	1512		スペイン王フェルナンドがナバラ略奪。	
		1513		マキャベリの『君主論』が完成。	
		1517		ドイツの神学者マルティン・ルターが宗教改革の先鞭となる95か条の論題を提示。	
		1522		マゼランの世界周航成功。	
	ヘンリー8世	1527		神聖ローマ帝国皇帝カール5世がローマ略奪。	
		1530		アウクスブルクの帝国会議が開催。	
		1533	ヘンリー8世がアン・ブーリンと再婚。		
		1534	首長令(国王至上法)の発令。		
			英国国教会成立。		
		1535	トマス・モア処刑。		
		1536	修道院開散が始まる。	フランスのカルヴァンがスイスのジュネーヴで宗教改革。	
			アン・ブーリン処刑。		
		1542		メアリー・スチュアートが生後9か月でスコットランド女王即位。	
		1543			種子島にポルトガル人が漂着。日本に鉄砲が伝来。
		1545		トリエント公会議が始まる。	
	エドワード6世	1547	エドワード6世即位。	モスクワ大公イヴァン4世が皇帝を称する。	
		1549			フランシスコ・ザビエルが鹿児島に上陸。キリスト教が伝来。
	メアリー1世	1553	メアリー1世即位。		
		1554	ワイアットの乱が発生。		
			ジェーン・グレイ即位。9日後に廃位され処刑。		
			メアリー1世がスペインのフェリペ王子と結婚。		
		1555		アウクスブルクの宗教和議によりドイツでルター派（プロテスタント)が容認される。	
		1556		フェリペ2世がスペイン王即位。	
		1558	スペインとフランスの戦争に参戦。カレーを奪われる。	スコットランド女王メアリー・スチュアートがフランス皇太子フランソワと結婚。	

イギリス王朝名	イギリス国王	年	イギリス王室史	世界史	日本史
テューダー朝	エリザベス1世	1558	エリザベス1世即位。		
		1559		フランスとハプスブルク家の戦争が終結。	
		1560			桶狭間の戦いで織田信長が今川義元を破る。
		1562		フランスでユグノー戦争が始まる。	
		1563		トリエント公会議の閉会。	
		1568		ネーデルランド独立戦争が始まる。	
				スコットランド女王メアリー・スチュアートがイギリス亡命。	
		1571		レパントの海戦でスペインがオスマン・トルコに勝利。	
		1572		フランスでサン・バルテミーの大虐殺が発生。	
		1573			織田信長が足利義昭を追放。室町幕府滅亡。
		1577		イギリス人フランシス・ドレイクが世界一周航海に出発。	
		1582		ローマ教皇グレゴリウス13世がグレゴリオ暦を制定。	本能寺の変が発生。
		1585			羽柴秀吉（豊臣秀吉）が関白に就任。
		1587	スコットランド女王メアリー・スチュアート処刑。		
		1588	スペイン無敵艦隊を破る。		
		1589	スコットランド王ジェームズ6世がアン・オブ・デンマークと結婚。		
		1590			小田原征伐。豊臣秀吉が日本統一。
		1598		フランス王アンリ4世がナントの勅令を発布。ユグノー戦争が終結。	
		1600	東インド会社設立。		関が原の戦いが発生。
ステュアート朝	ジェームズ1世	1603	スコットランド王ジェームズ6世がイギリス王ジェームズ1世として即位。ステュアート朝が始まる。		徳川家康が征夷大将軍に就任。江戸幕府を開く。
		1605	火薬陰謀事件が発覚。		
		1607	アメリカ・ヴァージニアに植民地建設。		
		1609	清教徒の一部がアムステルダムに移住。		
		1610	ジェームズ1世が課税をめぐって議会と衝突。		

イギリス王朝名	イギリス国王	年	イギリス王室史	世界史	日本史
ステュアート朝	ジェームズ1世	1614			大阪冬の陣が発生。
		1615			大阪夏の陣が発生。豊臣氏滅亡。
		1618		三十年戦争が始まる。	
		1620	清教徒がメイフラワー号でアメリカに移住。		
	チャールズ1世	1625	チャールズ1世即位。		
			チャールズ1世がヘンリエッタ・マリアと結婚。		
		1628	チャールズ1世が議会を解散。		
		1637			島原の乱発生。
		1638			島原の乱鎮圧。
		1641			鎖国が始まる。
		1642	国王軍と議会軍による内戦が発生。清教徒革命に発展。		
		1645	ネズビーの戦いで国王軍が敗れる。		
		1648		三十年戦争が終結。	
共和制	オリバー・クロムウェル(護国卿)	1649	チャールズ1世処刑。共和制が始まる。		
		1652	第一次英蘭戦争が始まる。		
		1653	オリバー・クロムウェルが終身護国卿に就任。		
	リチャード・クロムウェル(護国卿)	1658	リチャード・クロムウェルが護国卿に就任。		
		1659	リチャード・クロムウェルが護国卿を辞任。		
ステュアート朝	チャールズ2世	1660	チャールズ2世が亡命中のフランスから帰国して即位。王政復古。		
		1661		フランス王ルイ14世の親政が始まる。	
		1662	チャールズ2世がキャサリン・オブ・ブラガンザと結婚。		
		1665	第二次英蘭戦争が始まる。		
		1666	ロンドン大火が発生。		
		1673	ジェームズ2世がメアリー・オブ・モデナと結婚。		
		1683	アン王女がデンマーク王子ジョージと結婚。		
		1685	ジェームズ2世即位。	フランスでナントの勅令廃止。	
		1688	名誉革命が始まる。		
	メアリー2世・ウィリアム3世		ジョージ1世がゾフィー・ドロテアと結婚。		
		1689	権利の章典が制定。		
			メアリー2世、ウィリアム3世即位。		
		1690	ジョンロックの『人間悟性論』が出版される。		
		1694	イングランド銀行設立。		
		1700		大北方戦争が始まる。	

イギリス王朝名	イギリス国王	年	イギリス王室史	世界史	日本史
ステュアート朝	アン女王	1702	アン女王即位。スペイン王位継承戦争（アン女王戦争）に参戦。		
		1705	ジョージ2世がキャロライン・オブ・アーンズバックと結婚。		
		1707	スコットランドを併合。大ブリテン王国となる。		
		1713	ユトレヒト条約締結。スペイン王位継承戦争が終結。		
ハノーヴァー朝	ジョージ1世	1714	ジョージ1世即位。ハノーヴァー朝が始まる。		
		1720	南海泡沫事件が発生。		
		1721		大北方戦争が終結。	
	ジョージ2世	1727	ジョージ2世即位。		
		1733	ジョン・ケイが飛び杼（シャトル）を発明。		
		1740		オーストリア継承戦争が始まる。	
		1748		オーストリア継承戦争が終結。	
		1753	大英博物館設立。		
		1756	7年戦争が始まる。		
		1757	東インド会社のクライヴがプラッシーの戦いでフランス軍に勝利。		
	ジョージ3世	1760	ジョージ3世即位。		
		1761	ジョージ3世がシャーロット・オブ・メックレンブルク・シュトゥレリッツと結婚。		
		1775	アメリカ独立戦争が始まる。		
		1780	ヨーロッパ諸国の中立同盟国との戦争が始まる。		
		1783	アメリカ独立戦争が終結。		
		1789		パリ市民がバスティーユ襲撃。	
		1792		フランス王政停止。	
		1793		フランス王ルイ16世と王妃マリー・アントワネット処刑。	
		1795	ジョージ4世がキャロライン・オブ・ブラウンシュヴィックと結婚。		
		1796		フランス軍人ナポレオンのイタリア遠征。	
		1804		ナポレオンがフランス皇帝即位。ナポレオン法典の制定。	
		1805	トラファルガー海戦でネルソン提督がフランス軍を破る。		
		1812		フランス皇帝ナポレオンのロシア遠征。	
		1813		ライプツィヒの戦いで連合軍がナポレオンを破る。	

イギリス王朝名	イギリス国王	年	イギリス王室史	世界史	日本史
ハノーヴァー朝	ジョージ3世	1815	ウェリントンがワーテルローの戦いでナポレオンを破る。	ウィーン会議。	
		1818	ウィリアム4世がアデレイド・オブ・サクス・マイニンゲンと結婚。		
	ジョージ4世	1820	ジョージ4世即位。		
		1825	ストックトン・ダーリントン間に鉄道開通。		
	ウィリアム4世	1830	ウィリアム4世即位。	フランスで7月革命が発生。王政復古。	
	ヴィクトリア女王	1837	ヴィクトリア女王即位。		
		1839	ヴィクトリア女王がサクス・ゴバーグ・ゴータ公王子アルバートと結婚。	ベルギーがオランダから独立。	
		1840	ニュージーランドの領有権宣言。		
			アヘン戦争が始まる。		
		1842	アヘン戦争が終結。		
		1848		フランスで2月革命が発生。	
		1851	ロンドンで世界万国博覧会開催。		
		1853	クリミア戦争が始まる。イギリスはトルコを支援してロシアと開戦。		アメリカのペリー艦隊、ロシアのプチャーチン艦隊来航（黒船来航）。
		1854			日米和親条約、日露和親条約締結。鎖国の終了。
		1856	クリミア戦争が終結。		
			アロー戦争が始まる。		
		1859		イタリア統一戦争が始まる。	
		1860	アロー戦争が終結。		
		1861		イタリア王国成立。	
				オーストリア・プロイセン戦争が始まる。	
		1863	エドワード7世がデンマーク王女アレクサンドラと結婚。		
		1867		オーストリア・ハンガリー帝国が成立。	明治天皇即位。
					大政奉還による王政復古。事実上の江戸幕府滅亡。
		1868			明治維新。
		1870		プロイセン王国宰相ビスマルクがフランスの宣戦布告を誘導。	
				フランス皇帝ナポレオン3世がプロイセンに降伏。	
		1871		ドイツ帝国成立。プロイセン王ヴィルヘルム1世即位。	
		1875	スエズ運河の株式を買取。		

イギリス王朝名	イギリス国王	年	イギリス王室史	世界史	日本史
ハノーヴァー朝	ヴィクトリア女王	1877	ヴィクトリア女王がインド帝国皇帝を兼任。		西南戦争。
		1889			大日本帝国憲法公布。
		1893	ジョージ5世がメアリー・オブ・テックと結婚。		
		1894			日清戦争が始まる。
		1895			下関条約締結。日清戦争が終結。
		1897	ヴィクトリア女王在位60年記念式典開催。		
サクス・ゴバーグ・ゴータ朝	エドワード7世	1901	エドワード7世即位。サクス・ゴバーグ・ゴータ朝が始まる。		
		1902	日英同盟締結。		
		1904	英仏協商締結。		日露戦争が始まる。
		1905			ポーツマス条約締結。日露戦争が終結。
	ジョージ5世	1910	ジョージ5世即位。		
		1912		第一次バルカン戦争が始まる。	大正天皇即位。
		1913		第一次バルカン戦争が終結。第二次バルカン戦争の開始と終結。	
		1914	第一次世界大戦が始まる。		
ウィンザー朝		1917	サクス・ゴバーグ・ゴータ朝がウィンザー朝に改名。	ロシア3月革命、11月革命が発生。	
		1918	第一次世界大戦が終結。	ドイツ皇帝ヴィルヘルム2世退位。	
				オーストリア・ハンガリー帝国解体。	
		1919		ヴェルサイユ条約締結。	
		1920		国際連盟設立。	
		1922		オスマン・トルコ消滅。	
				南アイルランド独立。	
		1923	ジョージ6世がエリザベス・バウズ・ライアンと結婚。		関東大震災が発生。
		1926	イギリス史上空前のゼネラル・ストライキが発生。		昭和天皇即位。
		1928	すべての成年男女に選挙権が与えられる。		
		1929		世界大恐慌が発生。	
		1931		スペイン共和国成立。	
		1933		ドイツでヒトラーが首相に就任。	
		1935	インド統治法制定。		
	エドワード8世	1936	エドワード8世即位。同年退位。	スペイン内乱が発生。	
	ジョージ6世		ジョージ6世即位。		

イギリス王朝名	イギリス国王	年	イギリス王室史	世界史	日本史
	ジョージ6世	1937	エドワード8世がウォリス・シンプソンと結婚。		
		1938	ミュンヘン会談。	ドイツがオーストリアを併合。ユダヤ人迫害が始まる。	
		1939	第二次世界大戦が始まる。	スペインでフランコ将軍の独裁政治が始まる。	
		1940			日独伊三国軍事同盟締結。
		1941			太平洋戦争が始まる。
		1945	第二次世界大戦が終結。	国際連合設立。	ポツダム宣言受諾。太平洋戦争が終結。
		1946			日本国憲法公布。
		1947	エリザベス2世がフィリップ・マウントバッテンと結婚。		
			インド連邦・パキスタン独立。		
		1949	エール（アイルランド)共和国が英連邦を脱退。	NATO（北大西洋条約機構)設立。	
ウィンザー朝	エリザベス2世	1952	エリザベス2世即位。		
		1956	スエズ動乱。		
		1964			東京オリンピック・パラリンピック開催。
		1968	北アイルランド紛争が始まる。		
		1970			日本万国博覧会（大阪万博)開催。
		1972			沖縄返還。
		1980		イラン・イラク戦争が始まる。	
		1981	チャールズ王太子がダイアナ・スペンサーと結婚。		
		1982	フォークランド紛争が始まる。		
		1988		イラン・イラク戦争が終結。	
		1989			平成天皇即位。
		1990		湾岸戦争が始まる。	
		1991		湾岸戦争が終結。	
				ソビエト連邦が崩壊。	
		1993		EU（欧州連合)設立。	
		1995			阪神・淡路大震災が発生。
		1996	チャールズ王太子がダイアナ妃と離婚。		
		1997	ダイアナ元妃が交通事故死。		
		2001		アメリカ同時多発テロ事件が発生。アフガニスタン紛争が始まる。	
		2002	エリザベス2世即位50周年。	東ティモールがインドネシアから(国際法上はポルトガル)独立。	

第3章　イギリス王室史略年表

イギリス王朝名	イギリス国王	年	イギリス王室史	世界史	日本史
ウィンザー朝	エリザベス2世	2004		イラクが連合国暫定当局から独立を回復。	
		2005	ロンドン同時爆破事件が発生。		紀宮清子内親王と黒田慶樹が結婚。
		2006			秋篠宮文仁親王の第1子、悠仁親王が誕生。
		2007	グラスゴー空港テロ事件が発生。		
		2011	ウィリアム王子がキャサリン・ミドルトンと結婚。	リビア内戦が始まる。同年終結。	
				南スーダンがスーダン共和国から独立。	
		2012	エリザベス2世即位60年。	マリ北部紛争が始まる。	
		2013	ウィリアム王子の第1子、ジョージ王子誕生。	ボストンマラソン爆弾テロ事件が発生。	富士山が世界文化遺産に登録。
		2014		ロシア・ウクライナ戦争が始まる。	
		2015	ウィリアム王子の第2子、シャーロット王女誕生。	パリ同時多発テロ事件が発生。	
			エリザベス2世が在位最長記録を更新。		
		2016	スコットランド独立住民投票が行われる。		
		2017	ロンドン・ウェストミンスター襲撃テロ事件		
			マンチェスター・アリーナ自爆テロ事件が発生。		
			ロンドン橋・バラマーケット襲撃テロ事件が発生。		
			ロンドン・フィンスベリー・パーク襲撃事件が発生。		
		2018	ウィリアム王子の第3子、ルイ王子誕生。		高円宮絢子女王が守谷慧と結婚。
			ヘンリー王子がレイチェル・メーガン・マークルと結婚。		
			ユージェニー王女がジャック・ブルックスバンクと結婚。		
		2019	ヘンリー王子の第1子、アーチーが誕生。		上皇の退位により今上天皇が即位。令和に改元。
		2020	ヘンリー王子とメーガン妃が王室の公務から離脱を発表。	新型コロナウイルス感染症が発生。	
			ベアトリス王女がエドアルド・マペッリ・モッツィと結婚。	新型コロナウイルス感染症による累計死者数が100万人を突破。	
			イギリスが欧州連合（EU）から離脱。		
		2021	ヘンリー王子の第2子、リリベットが誕生。	アフガニスタン紛争が終結。	東京オリンピック・パラリンピック開催。
					秋篠宮眞子内親王が小室圭と結婚。
		2022	エリザベス2世即位70年。		
	チャールズ3世		チャールズ3世が即位。		

239

編集　株式会社ライブ
　　　竹之内大輔
　　　畠山欣文
　　　山﨑香陽弥
　　　青木聡（An-EDITOR.）

執筆　松本英明
　　　安次富陽子
　　　稲生雄大
　　　井上淳一
　　　瀬尾洋一
　　　野村昌隆
　　　青木聡（An-EDITOR.）

デザイン　寒水久美子

図版作成　福田純子

DTP　株式会社ライブ

イギリス王室1000年の歴史 新装版

発行日　2021年10月26日　初版
　　　　2022年11月1日　第2刷

監　修　指 昭博

発行人　坪井 義哉

編集担当　高橋 大地

発行所　株式会社カンゼン
　　　　〒101-0021
　　　　東京都千代田区外神田2-7-1 開花ビル
　　　　TEL 03(5295)7723
　　　　FAX 03(5295)7725
　　　　http://www.kanzen.jp/
　　　　郵便振替　00150-7-130339

印刷・製本　株式会社シナノ

万一、落丁、乱丁などがありましたら、お取り替え致します。
本書の写真、記事、データの無断転載、複写、放映は、著作権
の侵害となり、禁じております。

©Live2021
ISBN 978-4-86255-619-6
Printed in Japan
定価はカバーに表示してあります。

本書に関するご意見、ご感想に関しましては、kanso@kanzen.jp
までEメールにてお寄せください。お待ちしております。

監修者
指 昭博（さし あきひろ）

英国史学者、神戸市外国語大学名誉教授。
1957年、大阪府岸和田市生まれ。大阪大学
院文学研究科博士課程。
テューダー朝を中心とする近世イングランド
の歴史を研究。また、近代イギリスにおける
ナショナル・アイデンティティ形成と歴史意
識や宗教との関わりについての研究や、生活
文化に視点を置いた社会史についても研究を
進めている。

参考文献

『図説 イギリスの歴史』（河出書房新社）
『図説 イギリスの王室』（河出書房新社）
『英国王室スキャンダル史』（河出書房新社）
『図説 テューダー朝の歴史』（河出書房新社）
『英国王と愛人たち』（河出書房新社）
『イギリス史10講』（岩波新書）
『肖像画で読み解くイギリス王室の物語』（光文社）
『ヘンリ8世の迷宮 イギリスのルネサンス君主』（昭和堂）
『ビジュアル選書 イギリス王室1000年史』（新人物往来社）
『ヨーロッパ王室物語』（新人物往来社）
『プリンセス・オヴ・ウェールズ 英国皇太子妃列伝』（創元社）
『英国王室史話 上』（中公文庫）
『英国王室史話 下』（中公文庫）
『十字軍大全』（東洋書林）
『英国王室史話』（大修館書店）
『大英博物館双書Ⅳ 古代の神と王の小事典7 イギリス王家』
（學藝書林）
『イギリス宗教改革の光と影 メアリとエリザベスの時代』
（ミネルヴァ書房）
『プランタジネット家の人びと』（白水社）
『図説 地図で見るイギリスの歴史 大航海時代から産業革命
まで』（原書房）
『ダークヒストリー 図説 イギリス王室史』（原書房）
『なるほど！ よくわかる英国王室の歴史』（洋泉社）

その他多くの書籍やwebサイトを参考にさせていただいて
おります。